오늘 처음
교단을 밟는
당신에게

26년차 교사 안준철의 '시나브로' 교실 소통법

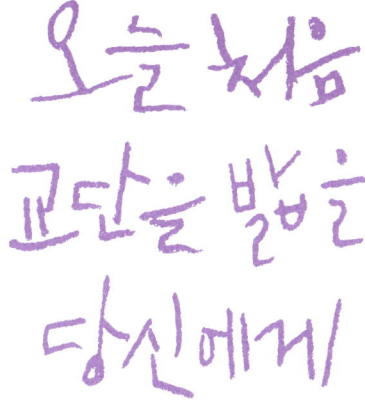

오늘 처음 교단을 밟을 당신에게

안준철 지음

문학동네

제4부 오늘 처음 교단을 밟을 이들에게

그런 거 알게 되거든
저한테도 좀 알려주세요

'아이들을 어떻게 만날 것인가?'

해마다 나에게 던지는 물음이다. '해마다'를 '순간마다'로 정정해도 무방할 것 같다. 해마다 3월이면 나는 교사로서 다시 태어난다. 아이들과 대면하는 순간마다 나는 어제의 나에게 오늘의 길을 묻지 못한다. 오늘의 길은 오늘 더듬어 찾아나서야 한다. 그렇다고 심오한 철학적 사색에 젖어 있는 것도 아니다. 심오하기는커녕 유치하기 이를 데 없는 경우가 더 많다. 가령 이런 식이다.

'아이들에게 매를 댈 것인가. 말 것인가?'

해를 거르지 않고 나를 들쑤시던 이 오래된 물음은 최근 학생 인권조례 제정과 관련한 체벌 금지 확산 분위기와 함께 자연스럽게 폐기 처분된다. 큰 건을 하나 끝낸 기분이랄까? 나는 너무도 홀가분해서 춤이라도 추고 싶었다. 결국은 답이 뻔한 소모적인 고민을 종료하고 (매를 안 대는 것으로) 다른 생산적인 모색을 할 수 있게 된 것이 고마울 뿐이었다.

'아이들을 어떻게 만날 것인가?'

그럼에도 이 물음은 여전히 나에게 유효하다. 아마도 교단을 떠날 때까지 나는 이 물음에서 벗어나지 못할 것이다. 그러고 싶지도 않다. 그 물음이 생산적인 물음이 되었기에 더욱 그렇다. 물음이 없으면 성장도 없다. 아이들을 어떻게 만날 것인지 고민하지 않는 사람은 아마도 둘 중 하나이리라. 성장하고 있지 않거나 아니면 성장이 끝났거나. 나에겐 아직도 교사로서 성장하고 싶은 욕구가 있다.

어느 해인가 스승의 날 특집 방송에 출연했을 때의 일이다. 내 옆에는 아직 솜털이 보송보송한 2년차 새내기 교사가 자리를 함께하고 있었다. 사회자는 내게 햇병아리 교사인 그가 교직 생활을 하는 동안 시행착오를 조금이라도 줄일 수 있도록 어떤 비결이나 노하우가 있으면 말해달라고 했다. 내 입에서는 엉겁결에 이런 말이 튀어나왔다.

"그런 거 알게 되거든 저한테도 좀 알려주세요."

농으로 한 말이었지만, 진심이기도 했다. 하지만 그 새내기 교사는 나의 또다른 대답을 기다리고 있는 듯했다. 그것도 아주 목마른 표정으로. 나는 대답 대신 그에게 이렇게 물었다.

"아이들 만나는 것이 많이 힘들어요?"

"예. 조금요. 아니, 많이요."

"그럼 잘하고 계시는 거예요. 저는 오히려 선생님이 좀더 길을 헤매셨으면 해요. 너무 빨리 지름길을 찾지 않았으면 좋겠어요."

그 지름길이란 것이 십중팔구는 학생보다 교사 입장에서 편하고 쉬운 길이 될 가능성이 많기에 한 말이었다. 그 지름길을 찾았다고 믿는 순간 교사는 성장을 멈추게 된다. 내가 매가 아닌 대화를 선택한 것은 그것이 교육적으로 옳다는 판단 때문만은 아니었다. 내 주변에는 학생들에게 엄하고 무섭게 대하면서도 교육적으로 잘 지도하고 계시는 분들도 많다. '교육에 왕도가 없다'는 말은 이를 두고 한 말이리라.

학생을 매로 다스리려는 순간부터 교사는 많은 것을 포기해야 한다. 무엇보다도 교육적 상상력을 통한 소통의 즐거움을 포기해야 한다. 교사의 관용과 사랑 속에서 커가는 아이들의 눈 속만큼 예쁘고 아기자기한 것이 또 있을까? 강압과 통제가 아닌 대화와 배려를 통해 아이들이 조금씩 성장해가는 모습을 지

켜보는 것은 논에서 푸른 벼가 자라는 것을 지켜보는 농부의 심정에 견줄 수 있으리라. 그 보람과 즐거움을 포기하는 것은 교사로서 삶의 의미를 상실하는 것과 다르지 않다. 아이들의 성장은 곧 교사의 성장이다. 그 성장의 기쁨은 매를 포기함으로써 내가 감당해야 하는 불편함을 상쇄하고도 남는다.

요즘 들어 부쩍 아이들과의 소통 불능을 호소하는 교사가 많아졌다. 교실에서 체벌이 사라지면서 그런 현상이 더 심화된 느낌이지만 사실 그것이 어제오늘의 일은 아니다. 이른바 교실 붕괴 현상은 권위적인 교사 중심 문화에서 학생 중심 문화로 주체가 이동되면서 생겨난 자연스러운 현상일 수도 있다. 그런 점에서 이를 부정적으로만 해석할 일은 아니다. 근거도 없이 잘못을 서로에게 전가하거나 실속도 없이 이념적으로 대립하는 것보다는 학생의 인권과 교권이 화해하고 상생할 수 있는 길을 모색하는 노력이 필요하다.

교사의 존재 이유가 학생에게 있는 것은 상식이다. 의사가 환자를 위해서 존재하는 것이 상식이듯. 아이들을 사랑하면 아이들을 만나는 것이 쉬워지는 것도 역시 상식이다. 모든 것을 다 주고도 기뻐서 얼이 빠지는 것이 사랑 아닌가. 하지만 이런 '매직' 같은 사랑이 필요하다고 냉큼 생기는 것은 아닐 터이다. 또한 사랑은 마음의 작용인데 교사에게 사랑을 강요할 수도 없는 노릇이다. 그럼 어떻게 할 것인가. 무엇으로 아이들에게 다가갈 것인가.

의사는 환자를 사랑으로 치료하기보다 전문성으로 치료한다. 모든 교사에게 사랑을 요구할 수는 없어도 전문성을 요구할 수는 있지 않을까. 의사는 환자의 상태를 진단하고 이에 합당한 처방을 내린다. 환자의 병이 깊다고 버럭 화를 내거나 감정이 상하지 않는다. 환자를 살피고 병을 치료하는 것은 의사의 성품이 착하거나 사랑이 많아서가 아니라 그것이 자신의 직업이자 일이기 때문이다. 만약 의사가 환자를 감정적으로 대하거나 화를 자주 낸다면 그것은 환자뿐 아니라 의사 자신에게도 불행한 일이 될 것이다. 그렇다고 교사의 전문성이 거창하거나 대단한 것은 아니다. 어마어마한 교육 이론이나 학위가 필요한 것은 더욱 아니다.

'아이들을 어떻게 만날 것인가?'

이 물음은 아이들과 소통하는 기술적 문제를 넘어서서 교육에 관한 보다 근원적인 사색으로 나를 이끈다. 한 아이를 만나는 것은 한 인간을 만나는 것이다. 인간에 대한 근본적인 사색과 이해 없이 아이들을 제대로 만나기는 어렵다. 이것은 교사에게 가장 큰 짐일 수도 있다. 하지만 꼭 그런 것만은 아니다. 인간이 인간을 이해하고 사랑하는 것만큼 심오하고 즐겁고 신나는 일이 또 있을까? 아이들을 대면하는 순간순간이 힘에 겹도록 버거우면서도 내가 교사로서 늘 행복한 이유이다.

아직도 아이들을 어떻게 만나야 할 것인지 길을 묻고 있는 사람이 있다면 나는 기꺼이 그의 길동무가 되어주고 싶다. 아니, 그가 바로 나의 도반이다. 나도 아직 길을 찾아 헤매고 있기 때문이다. 그 덕에 매일매일 첫 마음으로 아이들 앞에 설 수 있는 것인지도 모르겠다. 고마운 일이 아닐 수 없다.

아무쪼록 이 책이 아이들과의 행복한 소통을 꿈꾸는 이들에게, 교사나 부모로서 쉬운 길보다는 아이들이 바르게 성장할 수 있는 길을 애써 모색하면서 그들과의 소통의 끈을 놓지 않으려는 이들에게, 그리고 이제 곧 처음 교단을 밟을 이들에게도 책장에 꽂힌 한 권의 친근하고 다정한 벗이 되어주길 희망한다.

제1부

선생님, 교권이 뭐예요?

01

소통, 그것은
사랑의 또다른 이름

학교에서 아이들과 얘기를 하다보면 눈앞이 캄캄해지거나 숨이 콱 막힐 때가 있다. 교단을 밟은 지도 꽤 오래되어 이제 놀랄 만한 일이 없겠다 싶어도 사정은 전혀 딴판이다. 그래서 요즘은 건강도 챙길 겸 아이들과 대면하는 일을 하나의 연수과정쯤으로 여기고 미리 숨을 한번 크게 들이쉬곤 한다.

우리 반에서 지각과 결석을 도맡아 하는 두 아이가 10시가 다 되도록 학교에 나오지 않았다. 휴대폰도 받지 않고 문자를 보내도 감감무소식이어서 어쩔 수 없이 집으로 전화를 해서 부모님게 사정을 말씀드렸다. 한 시간쯤 지나 3교시 수업을 하러 교무실을 나서다가 막 계단을 올라오는 두 아이와 마주쳤다. 우선 짧은 시간에 무슨 말을 할 수도 없고 해서 가볍게 야단을 친 다음 일단 수업을 받게 했는데 할 말이 있는 듯 그중 한 아이가 나를 불러 세웠다.

"선생님, 솔직히 섭섭해요. 왜 저희들만 야단쳐요? 저희들 잘못한 거 알아요. 하지만 다른 애들도 잘못하잖아요?"

이쯤 해서 나는 심호흡을 해둘 필요를 느낀다. 너무 어이가 없어서 화도 나지 않지만 그럴수록 순식간에 화가 폭발할 가능성은 더 커지기 때문이다.

"출석부 갖다놓고 얘기할까? 너희들이 상습적으로 지각하고 결석한 것하고 다른 애들이 간혹 하루 이틀 지각한 것하고 어떻게 비교를 해? 사람이 잘못을 할 수도 있어. 하지만 반성할 줄은 알아야지. 어떻게 그런 말이 입에서 나와?"

그 정도에서 대화가 끝날 줄 알았는데 아이들은 할 말이 남은 듯했다. 눈치를 채고 나는 슬그머니 내장에서 쓸개주머니를 떼어놓는다.

"얼마 전에 수학 선생님이 그러셨어요. 수업중에 선생님이 오셔서 저희를 데려가시니까 담임선생님이 저희들만 미워하는 것 같다고요."

"그래? 그럼 나도 하나 물어보자. 내가 너희를 인격적으로 무시하거나 욕하거나 미워한 적 있어? 수학 선생님은 그 내막을 잘 모르시니까 그런 말씀을 하실 수도 있겠지만 너희들은 알잖아. 알면서 어떻게 그런 말을 할 수 있어? 아니면 아니라고 해 봐."

아이는 잠시 할 말을 잃은 듯했다. 그래도 눈빛을 보아하니 제 담임에 대한 혐의를 다 거둔 것은 아닌 것 같았다.

"선생님이 저희들 사랑하고 관심을 가져주시는 것은 고마워요. 하지만 저희들 때문에 다른 아이들에게 못한다는 말은 좀 그래요. 우리가 잘못하면 혼을 내시든지 하고 다른 아이들은 그대로 잘해주시면 되잖아요."

아이들 생각이 이렇게 짧다. 하지만 생각이 짧은 것은 미숙한 것이지 나쁜 것은 아니다. 어려운 문제를 풀고 있는 아이에게는 무엇보다도 교사의 도움이 필요하다. 일의 앞뒤를 따져서 차근차근 설명해주는 것이 제격이다. 물론 교사도 인간인데 감정이 앞설 수 있다. 그런 인간적인 약점을 숨기지 않고 털어놓는 것도 좋은 방법이다.

"선생님도 감정이 있는 사람이야. 너희들 이제는 되었겠지 싶은데 불과 며칠 안 가서 엉뚱한 짓 하면 너 같으면 속이 뒤집어지지 않겠니? 그런 뒤집어진 감정으로 어떻게 다른 아이들을 제대로 대하고, 잘해줄 수 있겠어?"

정말 그랬다. 그날 결석생이 많으면 결석 한번 하지 않고 학

내가 너만 미워한다며
너희들은 다 나만 미워하는데

교생활 성실하게 잘하고 있는 다른 아이들에게 화풀이를 한 것이 어디 한두 번인가? 어느 핸가는 쪽지상담을 했는데 한 아이가 쓴 쪽지에 이런 글귀가 눈에 띄었다.

"선생님은 문제아들만 사랑하는 것 같아요."

그때의 미안한 심정을 어찌 말로 다 할 수 있을까? 나는 나대로 섭섭하기도 하고 할 말이 없는 것은 아니지만, 결국은 나의 미숙함을 인정하는 쪽으로 마음이 기울면서 미안하고 암담하고 슬픈 마음에 하루 종일 우울하게 지낸 적도 있다. 언젠가 이런 두엄 속 같은 속내를 아이들 앞에서 잠깐 내비친 적이 있었는데 철없는 녀석들이 그걸 트집이라고 잡고 있으니 기가 막힐 노릇이었다.

다행히도 아이들은 내 말이 끝나자 난감한 눈으로 나를 바라보았다. 수긍의 눈빛. 그 눈을 바라보면서 나는 한순간 가슴이 철렁 내려앉았다. 만약 내가 아이에게 이런 식으로 말했다면 어떻게 되었을까?

"너 바보냐? 어떻게 고등학생이 되어가지고 그렇게 생각이 없냐?"

소통은 연습이 필요하다. 어쩌면 그런 연습을 소홀히 하고 있는 우리 학교사회의 단면을 아이들이 자신의 삶으로 보여주고 있는지도 모를 일이다.

어제는 잠을 거의 못 자고 한 편의 시를 썼다. 생일을 맞이한 아이에게 선물할 생일 축하시다. 밤에 애쓰며 써놓은 시가 마음에 들지 않아 새벽같이 일어나 다시 쓰다 그리됐다. 완성된 시를 보면 별것이 아닌데도 재능이 부족한 나로서는 시를 쓸 때마다 막막한 기분이 든다. 왜 이런 고생을 사서 하는지 나 자신이 미련스럽게 느껴질 때도 있다.

나는 왜 제자들에게 시를 선물하려는 것일까? 가만 생각해보니 그것은 한 아이와 소통하고 싶은 마음 때문이지 싶다. 아직은 어리고 미숙하지만 작은 우주요, 무엇과도 바꿀 수 없는 자신만의 고유한 가치를 지닌 한 생명과의 내밀한 만남 말이다. 소통, 그것은 내게 사랑의 또다른 이름이다.

누군가의 꿈이 되어주고 싶은…

만약 천국이 있다면
그곳의 계절은 가을일 거라고
가을의 바람, 가을의 햇살
가을의 아침과 저녁이 반복되는
영원한 가을일 거라고

영원한 십일월일 거라고
십일월 중에서도
네가 태어난 초여드레
그쯤일 거라고
그 무렵의 고요함일 거라고

그런 생각에 종종 빠질 만큼
가을을 좋아하지, 나는
가을에 태어난 사람,
세상에 처음 눈 뜬 그날이
가을인 사람도 좋아하지

나뭇잎을 스치는 갈바람 소리
영혼 어디에선가
그런 음률을 낼 수 있는
가을을 닮은 사람을 좋아하지, 나는
우리 연우처럼

사회 복지사가 되어

누군가의 꿈이 되어주고 싶은

다른 이의 천국이 되어주고 싶은

남의 가을이 되어주고 싶은

02

선생님,
교권이 뭐예요?

어느 날 퇴근길이었다. 장마철이라 비가 오락가락하다보니 미처 우산을 준비하지 못한 여학생 세 명이 하교를 하다가 그만 비를 만나고 말았다. 그때 마침 나는 우산을 펴들고 책을 읽으며 천천히 교정을 걸어가다 아이들과 마주쳤다. 아이들은 나를 보자 인사만 할 뿐, (내가 어려워서 그랬는지, 아니면 한 우산 속으로 들어오기에는 수가 너무 많아서 그랬는지) 다시 비를 맞으며 걸어가고 있었다. 내가 아이들을 불렀다.

"애들아, 다 이리 들어와."

"와, 선생님 고마워요."

다행히도 내가 들고 있던 우산이 제법 커서 세 명의 아이들이 다 들어와도 그리 좁지 않았다. 두 명을 앞에 세우고 한 아이와 내가 뒤에서 가는 좀 엉거주춤한 모양새로 교문을 막 지나고 있을 때였다. 내가 아이들에게 물었다.

"어디까지 바래다주면 되니?"

"스쿨버스 타는 데까지요."

"가깝네. 비 맞으니까 바짝 붙어."

"선생님 저희 땜에 불편하지 않으세요?"

"불편하긴. 지금 나만큼 행복한 사람 있으면 나와보라 그래."

"와……!"

스쿨버스 타는 곳까지 함께 갔지만 버스는 보이지 않았다. 스쿨버스가 한 대뿐이어서 먼저 온 아이들을 시내 가까운 곳까지 태워다주고 다시 돌아와 늦게 온 아이들과 장거리 통학생들을 태워주는 것을 이미 알고 있던 터라, 얼마나 더 기다려야 스쿨버스가 오는지 나는 그것이 궁금했다. 묻지도 않았는데 내 궁금증을 풀어주는 아이가 있었다.

"오 분 정도만 기다리면 차가 올 거예요. 선생님 먼저 가세요."

"그래? 그럼 오 분 동안 내가 기다려줄게."

"정말요?"

"그럼. 네가 원한다면 여기서 영원까지라도 기다려줄 수 있어."

"와……!"

세 아이 중 유난히 감탄사를 연발하던 한 아이가 나를 신기한 듯이 바라보았다. 나도 아이를 바라보았다. 좁은 우산 속이었으니 행복해하는 그 아이의 눈 속까지 환히 바라볼 수가 있었다. 잠시 후 우산 밖으로 나갔던 두 아이가 다시 우산 속으로 들어왔다. 그러자 마치 헤어졌던 가족들이 다시 모인 듯 마음이 붕 떴다. 나는 손에 들고 있던 책을 다시 펼쳤다.

"선생님 책 좀 읽고 있을게."

"그러세요. 우산은 제가 들고 있을게요."

"그래줄래? 그럼 고맙고."

"저희가 고맙죠."

"그럼 얘기들 하고 있어라. 선생님은 누가 옆에서 떠들어야 책을 더 잘 읽거든."

내가 비좁은 공간에서 군이 책을 펴든 것은 아이들을 만나기 전부터 읽고 있었던 글의 뒷부분이 갑자기 궁금해진 탓도 있지만, 실은 하나의 습관 같은 것이었다. 매달 이맘때가 되면 학교로 배달되는 그달 치 신간 잡지를, 걸어서 십 분 거리인 집까지 걸어가면서 읽는 재미가 쏠쏠했던 것이다.

"선생님, 무슨 책이에요?"

"응, 내가 읽으면 너희에게 좋은 책이야."

"네? 그런 책이 다 있어요?"

"여기 있지. 자, 봐."

내가 읽고 있던 책은 일종의 교육잡지였다. 한 아이가 표지를 유심히 살펴보더니 나에게 이렇게 물었다.

"선생님, 교권이 뭐예요?"

"교권도 몰라? 교사의 권리지. 아니, 교육할 권린가? 아무튼 너희들을 사랑하라고 교사에게 준 권리야."

아이가 교권이 뭐냐고 물은 것은 특집 제목이 '선생님의 교권, 안녕하신가요?'였기 때문이다. 그런데 엉겁결에 대답을 해놓고 보니 내가 한 말이지만 참 마음에 들었다. 하마터면 이런 말이 입에서 튀어나올 뻔했다.

'맞아! 교권은 학생들을 사랑하라고 준 권리지, 아이들 잡으라고 준 권리가 아니지!'

나는 학교에서 동료교사들과 학생의 인권에 관한 얘기를 잘하지 않는다. 가령 삼십 분 지각한 아이를 하루 종일 교무실 복도에 세워놓는 것은 그 학생의 학습권을 침해하는 행위일 수 있다는 등의 얘기 말이다. 그런 말이 내 입에서 나오는 순간부터 대화의 분위기가 썰렁해진다. 평소에 나와 죽이 잘 맞거나 학생을 끔찍이 생각하고 아껴주는 교사들도 내 말에 선뜻 동조하는 눈치가 아니다. 사정이 이러하니, 학생들이 숙제를 해오지 않는 것도 그 아이의 자유일 수 있다는 식의 말을 꺼냈다가는 어딘지 정신이 불온한 사람으로 취급받는 것도 무리가 아니다.

사실 나는 숙제를 해오지 않거나 공책 정리를 하지 않는 아이들을 못살게 구는 편이다. 물론 그 과정이 결코 순탄치는 않다. 오랜 습관으로부터 벗어나기 싫어하는 학생들일수록 그 방어가 거셀 수밖에 없다. 그 방어의 칼날에 내가 다치기도 한다. 하지만 나는 온갖 방법을 동원해서 기어이 공책 정리를 하게 만든다. 숙제를 해오지 않는 것은 개인의 선택이기에 비난을 하거나 체벌을 가하지는 않지만, 나는 자꾸만 사랑의 간섭을 하고 싶은 것이다. 그것이 아이들에게 좋은 일일 테니까.

요즘 학생인권이 하나의 사회문제로 부각되면서 교권 실추에 대한 우려의 목소리가 높다. 그럴 법도 하다. 어느 한쪽의 힘이 세지면 다른 한쪽이 밀릴 수밖에 없기 때문이다. 하지만 이런 힘의 논리는 학생과 교사 사이가 적대적이었을 때 흔히 일어나는 현상이다. 그 관계의 방식이 달라지면 많은 것이 달라진다. 나도 교사로서 교권을 존중받고 싶다. 교권이 학생들을 사랑할 권리이기 때문에 더욱 그렇다. 그 사랑의 관계를 해치는 사회현상이나 교육체제에 맞서고 저항하는 것이 내겐 교권을 지키는 길이며, 더 중요한 일이다.

오 분쯤 지나자, 아이 말대로 정말 스쿨버스가 왔다. 나는 아이들과 아쉬운 작별을 나누었다. 그날 우산 속에서 나눈 우리의 마지막 대화이다.

　　"잘 가!"

　　"선생님도 안녕히 가세요!"

　　"우리 내일 만나는 거지?"

　　"그럼요. 선생님!"

　　"어서 내일이 왔으면 좋겠다!"

　　"와……!"

03

3월에 아이들을 잡으면 정말 1년이 편할까?

긴 방학이 끝나고 드디어 개학을 했다. 3년 만에 맡은 담임이라 설렘과 긴장이 교차되었다. 봄방학이 시작된 날부터 하루하루 카운트다운을 하면서 아이들과의 첫 만남을 준비했다. 산을 오르내리며 내공을 다지기도 하고 틈틈이 교육 관련 책도 읽었다.

'3월에 아이들을 잡아야 1년이 편하다.'

이 말은 아직도 학교사회에서 만고불변의 진리로 통용되고 있다. 그런데 아이들을 잡을 생각이라면 굳이 고생해서 내공을 쌓거나 책을 읽을 필요가 없다. 결국 나는 아이들을 잡지 않기 위해서 오랜 준비기간이 필요했던 셈이다.

3월 2일 오전 8시 50분. 교실 문을 열고 들어서자 아이들이 나를 본체만체한다. 그 시간에 교실에 들어올 사람이 제 담임일 게 뻔한데 말이다. 그렇다고 실망할 것은 없다. 이미 예견된 상황이기 때문이다. 요즘 아이들이 좀 그렇다. 나는 교탁에 출석부를 내려놓고 잠시 서 있었다. 조금 있으니 한 아이가 내 곁에 다가와 꾸벅 인사를 하더니 급우들을 향해 이렇게 말했다.

"얘들아, 우리 반 담임선생님이야. 다 자리에 앉아."

그 아이는 내가 제 담임인 것을 오래전부터 알고 있는 눈치였다. 어쩌면 나의 성향까지도 이미 파악하고 있는 듯했다. 귀엽고 고마운 아이다. 나는 그 아이의 이름을 알 것도 같았다. 방학동안에 사진과 이름을 대조해가며 열 번도 넘게 아이들의 이름을 외웠던 것이다. 차츰 긴장이 풀어지면서 마음이 환해지는데 여전히 몸을 뒤로 돌린 채 잡담을 하는 아이들이 눈에 띄었다. 나는 손뼉을 쳐서 주의를 환기한 뒤 이렇게 입을 열었다.

"오늘 입학식이 끝나고 담임시간이 따로 있을 거예요. 그때 선생님과 천천히 인사하기로 하고 우선 간단하게 교실 청소를 한 뒤에 입학식 리허설을 하러 곧바로 강당으로 가야 합니다. 자, 그럼 청소를 시작할까요?"

아이들은 요지부동이었다. 정물처럼 책상에 그대로 앉아 있거나 손뼉 소리에 잠시 앞으로 향했던 아이들의 고개가 다시 뒤로 돌아가 있었다. 아이들을 정물 상태에서 깨어나게 하기 위해서는 뭔가 조치를 취해야만 했다. 나는 다시 한번 손뼉을 쳐서 주의를 환기했다. 내가 할 수 있는 일은 고작 그것뿐이었다. 나는 교실에 들어오기 전에 몇 번이고 마음속으로 다짐했던 것이다. 오늘은 무슨 일이 있어도 아이들 앞에서 큰소리를 치거나 화를 내지 말자고.

교실 청소를 대강 마치고 아이들과 함께 입학식 행사를 위해 강당으로 향했다. 우리 학교 입학식은 조금 특별하다. 300여 명에 달하는 신입생의 이름이 삼삼오오 짝을 지어 화면을 수놓는다. 신입생 한 사람 한 사람을 소중히 여기겠다는 뜻일 터이다. 하지만 그런 감동의 순간에도 잡담을 일삼는 아이들이 태반이다. 그런 까닭에 입학식이 진행되는 동안 담임교사인 내가 할 일은 딱 하나다. 아이들이 참새처럼 지저귀지 못하도록 입을 봉하는 것.

하지만 그 일이 만만치가 않다. 손가락을 입술에 갖다대고 눈을 세모꼴로 만들어 협박을 해도 그때뿐이다. 떠들지 않겠다고 손가락을 걸어 약속을 해놓고도 돌아서기가 무섭게 고개가 옆으로 돌아가는 아이도 있다. 그러다보면 슬슬 화가 치밀기도 하고 덜컥 겁이 나기도 한다. 아, 이 아이들을 어떻게 할 것인가?

나는 잠시 호흡 조절을 하기 위해 식장 밖으로 나갔다. 방학

동안 쌓아놓은 공든 탑이 와르르 무너지는 기분이었다. 눈물이 핑 돌았다. 손수건을 꺼내려고 주머니에 손을 넣었는데 하얀 종이가 한 장 따라 나왔다. 담임시간에 아이들에게 나누어주려고 준비해둔 '쪽지통신'이었다. "쪽지통신이 뭐야?" 하고 아이들이 궁금해할까봐 먼저 쪽지통신 소개부터 시작했다.

이런 쪽지통신 처음인가요? 사실은 저도 처음입니다. 방학 동안 '여러분을 어떻게 만날까?' 고민하면서 책을 몇 권 뒤적이다가 이런 것이 있다는 것을 알아냈지요. 참 편리하고 좋겠다 싶어서 시작해봅니다. 여러분도 새 학기를 맞이하여 뭔가 새로운 것을 시도해보았으면 합니다. 무엇이든 여러분이 행복할 수 있고 여러분의 성장에 도움이 되는 것을.

'쪽지통신'은 『이상대의 4050 학급살림 이야기』에서 따온 것으로, 3월에 아이들을 잡지 않고도 그들과 넉넉히 소통하기 위해서 준비한 것이었다. 3월 2일자 쪽지통신에는 수업시간표, 청소구역 등 학기 초에 필요한 유용한 정보들이 수두룩하다. 뿐만 아니라 우리 반 급훈과 관련된 다음 이야기도 실려 있다.

'웃으면서 하자.'

올 한 해 동안 우리 반의 좌우명이랄까 행동지침 같은 것이 되었으면 합니다. '웃으면서 하자'는 말에는 두 가지 행동, 즉 '웃자'와 '하자'가 있습니다. 그 두 가지 모두 중요합니다. 올 한 해 동안 무엇보다도 여러분들이 행복했으면 좋겠습니다. 무엇이든 웃으면서 했으면 좋겠습니다. 그리고 여러분의 성장을 위해 무언가를 열심히 했으면 좋겠습니다. 선생님도 힘들어도 웃으면서 하겠습니다. 웃으면서 여러분의 바른 성장과 행복을 위해 최선을 다하는 담임선생님이 되겠습니다. 여러분에게 '하지 마'라는 말만 되풀이하면서 1년이라는 소중한 시간을 허송하고 싶지 않습니다. 무엇이든 웃으면서 해봅시다. 사랑합니다! 관광경영과 2학년 2반 파이팅!

나는 때마침 나타나준 '쪽지통신'을 다시 주머니에 집어넣고 자리에서 일어났다. 그리고 소음의 진원지를 향해 천천히 발걸음을 옮겼다. 내가 곁에 와 있는 것도 모른 채 떠들고 있는 한 아이에게 다가가 이렇게 물었다.

"네 이름이 뭐야?"

"단비인데요."

"단비야, 사랑해."

난데없는 사랑 고백에 단비는 어리둥절한 표정이었지만 나는 그후에도 네 번이나 더 아이에게 다가가 사랑 고백을 했다. 입학식이 끝나고 담임시간이었다. 나는 아이들에게 이렇게 물었다.

"오늘 선생님에게 사랑 고백을 다섯 번이나 받은 사람이 있지요?"

"저예요, 선생님."

말이 떨어지기가 무섭게 단비가 손을 번쩍 들고 대답했다. 아이의 스스럼없는 표정이 건강하고 해맑아 보였다. 생명력이 넘치는 발랄한 아이 같았다. 그러고 보면 아이들이 무시로 떠들어대는 것도 저 어찌할 수 없는 생명력 때문이 아닐까. 스치듯 그런 생각을 하면서 나는 단비와 아이들을 번갈아 바라보며 이렇게 말했다.

"맞아. 오늘 단비가 입학식 때 너무 떠들었거든. 그러니까 조용히 하라는 말 대신 사랑한다고 말한 거야. 오늘 선생님이 학교에 오면서 그런 결심을 했거든요. 절대로 여러분에게 화를 내거나 비난하는 말을 하지 말자. 조금 잘못해도 오늘은 첫날인데 좀 참아주자. 여러분을 믿고 기다려주자. 그렇다고 떠드는 것을 가만둘 수는 없어서 사랑한다고 말한 거예요. 정말 사랑하기도 하지만. 단비야, 사랑해!"

단비의 표정이 재미있었다. 아니, 가슴이 뭉클했다. 천방지축 생기발랄한 아이의 숙연해진 얼굴 표정보다 더 아름다운 것이 세상에 또 있을까? 만약 내가 성급한 마음에 아이들을 잡으려고 했다면 그런 인간의 표정을 볼 수 없었으리라. 아이는 잠시 시무룩했던 표정을 풀더니 다시금 환한 웃음을 지어 보이며 이렇게 내게 말했다.

"죄송해요. 앞으로 떠들지 않으려고 노력할게요. 저도 선생님 사랑해요!"

약하기에 두려움이 생긴다며
강해지려 애쓰는 그대

그대, 먼저 두려움을 없애라
그러면그대는 강하지 않아도
약하지않다

04

마음의 쓰레기밭에서
'사과' 꽃을 피우다

개학한 지 얼마 되지 않아 생긴 일이다. 청소시간이 되어 교실을 향해 바삐 걸어가고 있는 나에게 한 아이가 이렇게 말을 던졌다.

"선생님, 정말 감동이었어요."

"응? 뭐가?"

"칠판에 써놓으신 거요."

"응, 그거."

내 반응이 신통치 않았던지 옆에 있던 아이들이 또 이렇게 한

마디씩 거들었다.

"선생님, 정말 멋졌어요!"

"맞아요. 우리 반 애들 다 감동 먹었어요."

"전 눈물이 날 뻔했어요."

"그래? 고맙구나."

나는 아이들의 반응에 적이 놀라고 있었다. 내가 칠판에 적어 놓은 것은 일종의 사과문이었다. 자초지종은 이랬다. 현재완료 구문을 가지고 한참 열을 올리며 수업을 하고 있는데 바로 코앞에서 장난질을 하는 아이가 눈에 띄었다. 그렇지 않아도 떠드는 아이들 때문에 수업이 잘되지 않아 짜증이 나려던 참이었다. 조금 언성을 높여 앞으로 나오라고 하자 아이의 입에서 불쑥 이런 말이 튀어나왔다.

"왜 저한테만 그러세요?"

어떤 일이 있어도 아이들에게 화를 내지 않겠다고 마음을 먹는 것은 바로 이런 경우를 대비해서다. 보통의 경우라면 앞으로 나오려고 자리에서 일어서는 아이를 그냥 다시 자리에 앉히고 수업을 진행한다. 아주 산만한 아이가 아니라면 그 정도만으로도 충분하기 때문이다. 떠들거나 장난질을 하는 아이들로 인해 자꾸 수업이 끊기는 것을 방지하기 위한 일종의 수업기술인 셈이다.

아이들에게 화를 내지 않으려는 것은 화를 낼 수밖에 없는 일들이 너무 자주 일어나기 때문이기도 하다. 조금만 마음의 고삐를 풀고 있어도 순식간에 분노의 화신이 되어 아이들에게 저주 섞인 말을 퍼붓고 있는 자신을 발견하게 된다. 그날 바로 그런 일이 일어났다. 저주까지는 아니더라도 미움이 채 여과되지 않은 거친 말들이 내 입에서 쏟아져나왔다.

"왜 저한테만 그러세요? 그 말은 내가 가장 싫어하는 말이야. 잘못을 했으면 나오랄 때 순순히 나오면 될 거 아니야. 잘못했다고 말하면 용서해주려고 그랬어. 그런데 왜 저한테만 그러세요? 그 말은 내가 가장 싫어하는 말이란 말이야."

아이의 반응도 만만치가 않았다. 아이는 조금도 기가 죽지 않은 채 끝까지 제 주장을 굽히지 않았다. 누군가 자기에게 지우개를 계속 던졌고 자신은 거기에 반응했을 뿐인데 왜 자기만 가지고 그러냐는 것이었다. 그 말을 듣자 더 화가 치밀었다.

"그럼 나더러 어떡하라는 거야? 내가 신이야? 내 눈에는 너만 보여서 그런 건데 어차피 너도 잘못한 거니까 잘못했다고 말하면 쉽게 끝날 일 아니야. 그런데 왜 나만 가지고 그러냐고? 그건 내가 가장 싫어하는 말이야."

같은 말을 여러 번 반복하는 것으로 보아 나는 이미 이성을 잃어가고 있었다. 아이도 주머니에 손을 푹 찔러넣은 채 물러설 태세가 아니었다. 교실에서 상황이 수습되지 않자 교무실까지 불려온 아이는 억울한지 눈물까지 흘리며 미움이 가득한 눈으로 나를 노려보는 것이었다. 다행히도 그 순간 나에게 이성이 찾아왔다. 미움이 미움으로 돌아온 것을 뒤늦게야 깨닫게 된 것이다.

만약 아이의 말대로 누군가 지우개를 던져서 일이 그리된 것이라면 "왜 저한테만 그러세요?"라는 아이의 말은 너무도 당연한 항변인 셈이다. 주머니에 손을 넣고 있었던 것도 억울함의 한 표현일 수 있다. 그럼에도 나는 내 자신의 주관적인 판단과 개인적인 취향을 내세워 아이를 몰아세웠으니 교사로서 참 미숙한 행동이 아닐 수 없었다. 뒤늦게 후회감이 밀려왔지만 이미 엎질러진 물이었다.

나는 아이에게 정중히 사과했다. 물론 아이의 잘못도 지적해 주었다. 내가 먼저 사과하자 아이도 고분고분 말을 듣는 눈치였다. 서로 화해의 악수를 하고 아이는 교실로 돌아갔다. 하지만 그것으로 끝날 일은 아니었다. 교실에 들어가 아이들 앞에서 정식으로 사과를 하고 싶었다. 아니면 반장을 통해서라도 아이들에게 내 마음을 전하고 싶었다.

그런데 교실에서 막 아이들이 나오고 있었다. 당번 아이 말로는 특별실에서 수업을 한다는 것이었다. 잠시 후, 아이들이 다 나가고 당번 아이도 열쇠를 들고 교실 밖으로 나갔다. 나는 아무도 없는 텅 빈 교실에 잠시 서 있다가 칠판에 다음과 같이 적은 뒤에 교실 문을 닫고 나왔다.

"오늘 수업시간에 화를 너무 많이 내서 미안합니다. 여러분 사랑합니다. 주말 잘 보내세요."

교실을 나오자 한결 마음이 놓였다. 주말을 편하게 보낼 수 있을 것 같았다. 결국 아이들을 위해서라기보다는 내 마음이 편하고자 그런 사과문을 적고 나왔는지도 모르겠다. 어쨌거나 아이들은 그 별거 아닌 사과문을 통해 한순간이나마 진한 감동을 느낀 것 같았다. 나 또한 마음의 쓰레기밭에서 '사과' 꽃 한 송이를 후끈 피운 것만 같아 기분이 좋았다.

그후에도 나는 그 아이에게 여러 차례 사과해야만 했다. 그렇다고 실제로 사과를 한 것은 아니고 마음속으로 사과했다. 속내를 털어놓자면, 난 내 잘못된 행동에 대해서 사과했지만 그 아이에 대한 좋지 않은 인상은 잔영처럼 남아 있었다. 말하자면 나도 잘못은 했지만 그 아이도 잘한 것은 없다는 식으로 생각하고 있었던 것이다. 내가 아이의 변명을 선의로 해석한 것일 뿐, 아이의 됨됨이가 썩 좋은 것은 아닐 거라는.

그런데 실제로 아이를 겪고 보니 그게 아니었다. 출석을 부를 때마다 환한 미소로 응답하고 수업태도도 나무랄 데가 없는 아이였다. 처음에는 나의 멋진 사과에 감동해서 그랬겠지 싶었다. 그렇다면 언젠가 감동의 '약발'이 떨어져 본색을 드러낼지도 모른다. 그렇다 하더라도 나는 유연하게 대처할 생각이었다. 내가 먼저 사과할 일이 아니어도 사과할 생각까지 하고 있었다. 그것은 내가 한없이 관대해서가 아니라 아이의 공격으로부터 나 자신을 방어하기 위한 전략 같은 것이었다. 한데 아이의 환한 미소와 적극적인 수업태도는 나의 사과로 인한 감동이 아닌, 아이의 훌륭한 본성에서 나오는 것임을 나중에야 깨닫게 되었다. 나는 아이에게 잘못된 선입견을 가지고 있었던 셈이다.

요즘 아이들을 만나기가 조금씩 쉬워지고 있다. 아이들 앞에서 내 인간적인 허물과 미숙함을 솔직하게 인정하고 칭찬과 사과에 인색하지 않으면서부터 생긴 일이다.

05

벚꽃나무 아래서
아이들과 통하다

학교 등굣길 오르막 언덕에 벚꽃이 한창이었다. 그렇지 않아도 가파른 오르막길이라 느려진 걸음걸이가 벚꽃 구경을 하느라 더 느려터지고 만다. 아예 걸음을 멈추고 나무를 올려본다. 꽃잎 하나가 하늘하늘 날아와 콧잔등에 떨어진다. 한 번 더 그런 행운을 맛보기 위해 고개를 한껏 뒤로 젖혀보지만 행운은 다시 찾아오지 않는다.

이런 장면이 연출되는 사이, 아이들은 중력을 거스르는 것이 힘에 겨운지 땅만 열심히 바라보며 오르막길을 올라가고 있었다. 그중 한 아이를 불러 나무 아래로 오게 했다.

"수지야, 벚꽃 참 예쁘지? 이렇게 나무 아래서 올려다보면 더 예뻐 보여."

"저는 꽃을 안 좋아해요."

"꽃도 사람과 마찬가지야. 자꾸 바라보고 관심을 가져야 좋은 감정이 생기게 되거든."

"저는 꽃을 봐도 아무런 감정이 안 생겨요."

사람 김 빼는 데 일가견이 있는 아이 같았지만, 그렇다고 그런 아이의 대꾸에 김이 새거나 힘이 빠질 내가 아니었다. 아이가 꽃을 안 좋아하는 것은 단지 꽃에 대한 추억이나 경험이 부족하기 때문일 수 있다는 생각을 하면서 그 아이에게 이렇게 말했다.

"나는 꽃이 참 좋은데…… 저녁놀도 좋고. 그래서 꽃이나 노을을 보면 행복감을 느껴. 좋은 것이 많으면 그만큼 더 행복해지는 거지. 많은 돈이 없어도 말이야."

"저도 노을은 좋아해요."

"그래? 그럼 꽃도 좋아할 수 있겠다."

"노력해볼게요."

며칠 뒤, 등굣길 오르막이 청소구역인 국어과 김선생님이 그곳으로 가는 도중에 나와 마주쳤다. 매일같이 청소시간마다 정문까지 걸어가야 하는 불편함도 불편함이지만, 벚나무가 떨어뜨리는 꽃잎이나 낙엽을 쓸어야 할지 말아야 할지 모르겠다는 얘기가 잠깐 오고 갔다. 국어 선생님답게 아이들의 정서를 염두에 두고 한 말이었다.

그날 하굣길이었다. 삼삼오오 짝을 지어 내려가는 아이들을 불러 세웠다. 얼굴이 낯익지 않은 것을 보아 1학년 아이들 같았다. 내가 서 있는 나무 아래까지 온 아이들에게 이렇게 물었다.

"얘들아, 저렇게 나무에 달린 것들은 온통 흰빛인데 여기 떨어진 꽃잎을 보면 연한 핏자국 같은 것이 보이지?"

"어디 봐요. 정말이네요."

"사람도 말이야, 멀리서 보면 모르지만 가까이 들여다보면 이런 상처들이 다 있을지 몰라."

"에이 선생님, 그 말 어디 인터넷에서 봤죠?"

1학년 아이들이라 그런지 말투나 행동거지가 활달하고 발랄했다. 그 모습이 좋아 보여서 이렇게 은근슬쩍 칭찬을 해주었다.

"꽃도 예쁘지만 지금 너희들 모습이 꽃보다 훨씬 더 예쁘다."

"알고 있어요. 호호호."

그렇게 가벼운 농담을 주고받은 뒤 아이들과 인사를 나누고 돌아서려는데 한 아이가 손을 흔들며 나에게 말을 건네왔다.

"선생님 말씀 잊지 않을게요."

"무슨 말?"

틱 틱틱
틱틱 틱티
틱 틱

꽃의 아름다움을 모른다해서 아이를 탓할순 없다
자기가 꽃인줄 모르는 것을 탓할순 있겠지만…

"가까이 들여다보면 누구나 상처가 있다는 말이요."

"응. 고맙다. 근데 말이야……"

나는 다시 그 아이에게 다가갔다. 바삐 서둘 것도 없는 한가한 하굣길이기도 해서 아이들과 좀더 대화를 나누고 싶어서였다.

"아마 저 상처는 뭔가 성장하기 위한 상처 같지 않니? 아픈만큼 성숙해진다는 말도 있잖아."

"맞아요. 선생님, 저 지금 많이 아파요."

"그럼 너 성장통인가보다."

"성장통이 뭔데요?"

"성장하기 위해서 겪는 통증 말이야."

"아하!"

그렇다고 아이가 정말 아파 보이지는 않았다. 그 아이의 환하고 밝은 표정으로 봐선. 하지만 그건 모를 일이다. 멀리서 보면 저리도 하얀 꽃들이 꽃잎마다 연한 핏빛 상처를 감추고 있지 않은가. 학교에도 그런 아이들이 많다. 자신의 핏빛 상처를 감추고 멀쩡한 척 하얀 모습만을 내보이는 아이들 말이다. 그것은 교사의 무관심의 결과일 수도 있지만, 아이들이 자신의 상처를 부끄러워하기 때문이기도 하다.

벚꽃 이야기를 하다보니 기억나는 일이 있다. 여학생 담임을 맡았을 때의 일이다. 어느 날 무려 네 명의 아이가 감기몸살과

장염 등으로 병원 신세를 졌다. 학교가 파한 뒤에 아이들을 차례차례 병문안하고 방천길을 따라 걸어오다보니 냇가 쪽으로 가지를 뻗은 벚나무들이 어둑한 허공 속에서 막 꽃망울을 터뜨리고 있었다. 그 광경을 보자 문득 이런 생각이 머리를 스쳐 지나갔다.

'저 꽃들이 피려고 아이들이 그렇게 아팠나보다!'

그럴 리가 없겠지만 또 그럴 수도 있다는 생각도 들었다. "한 송이 국화꽃을 피우기 위해 봄부터 소쩍새는 그렇게 울었나보다" 식의 시적 상상력이 아니더라도, 꽃샘추위로 인해 하늘이 아프고 땅도 아프다면 그 사이에 사는 우리 인간도 그 아픔에 조응하는 것이 자연스러운 순리일 수도 있지 않겠는가.

아이들은 아프면서 성장한다. 그래서 아픈 아이들을 바라보면 마음이 함께 아파지다가도 금세 회복이 된다. 성장을 위한 아픔이겠거니 생각하는 것이다. 그런 아픔이 담임인 나와 아이들 사이에도 존재한다. 교사가 아픈 만큼 아이들은 성장한다. 그 아픔은 아이들을 올바르게 지도하고 싶은 마음이 클수록 더 크게 자리한다.

가령 요즘 아이들에게 책을 읽히기가 쉽지 않다. 점심시간에 도서관에서 모둠끼리 만나 읽을 만한 책을 권해주려고 하는데 아이들이 싫어할 것 같아서 벌써부터 마음에 아픔이 느껴진다. 그래도 포기할 수 없는 것은 책만큼 아이들의 성장에 도움을 주는 것이 없기 때문이다. 담임의 강요에 못 이겨 어렵사리 책을 읽는 아이들도 마음이 불편하기는 마찬가지일 것이다. 그 불편함과 아픔의 과정을 잘 이겨낼 수 있도록 도와주는 것이 또한 교사의 일이다. 언젠가 아이들에게 해준 말이다.

"여러분에게 꿈이 없다면 단 한 권의 책을 읽는 것도 불가능할 수 있어요. 1년 동안 단 한 권의 책을 읽지 않을 수도 있습니다. 꿈이 없다면 3년 동안 단 한 권의 책을 읽지 않고 학교를 졸업할 수도 있습니다. 여러분의 변화와 성장에 도움을 주는 책을 단 한 권도 읽지 않고 청소년 시절을 마감한다면 여러분은 과연 어떤 사람이 되어 있을까요?"

이런 말을 하면서도 아픔이 느껴진다. 말이 가서 아이들의 영혼에 스며들지 않고 튕겨져 나오기 때문이다. 그 말의 유탄은 고스란히 교사의 가슴에 꽂힌다. 하지만 교사의 말에 귀를 기울이는 아이들도 꼭 있기 마련이다. 벚꽃나무 아래서 통한 아이들이 교실에서라고 통하지 말라는 법은 없다.

06

아이들을 만나기 두려울 때가 있다

월요일 첫 시간부터 출석부를 챙겨들고 교실로 향하는 발걸음이 무거웠다. 수업시간마다 실랑이를 벌이는 몇몇 녀석들 때문이다. 그 아이들과도 첫 시작은 참 좋았다. 다른 아이들도 나를 잘 따르는 편이었고, 다른 반에 비해 수업 분위기도 좋았다. 특히 귀엽고 발랄하고 통솔력마저 돋보이는 반장 아이 덕분에 딱 2%가 부족한 아이들과도 행복한 시간을 보낼 수 있었다. 지난 5월까지는.

6월이 되면서부터 교실 분위기가 사뭇 달라졌다. 진득하게

참는 것을 죽기보다 더 싫어하는 몇 녀석들은 마치 살기 위해 투쟁이라도 하듯 잠시도 몸과 입을 그냥 두지 않는다. 하루 종일 하기 싫은 공부를 억지로 해야 하는 그들의 심정도 이해가 간다. 하지만 중요한 대목에서 어김없이 수업 분위기를 망치는 녀석들을 가만 놓아둘 수는 없는 노릇이다.

거기에 감정 기복이 심한 편인 반장 아이는 무더운 날씨 탓인지 반을 통솔하는 것은 고사하고 마치 탄성을 잃어버린 물체처럼 무기력에 빠져 자신의 감정조차 제어하지 못하는 날이 더 많아졌다. 아이들이 그렇다 하더라도 교사의 마음이 평화롭고 흔들림이 없다면 큰 문제가 생기지는 않는다. 아이들은 언제나 그런 나약하고 미숙한 모습을 보여왔고, 그것을 바로잡기 위해 교사가 필요한 것이니까.

문제는 내 마음에 찾아온 불안함이었다. 아슬아슬한 살얼음 위를 걷고 있는 기분이랄까? 그러다가 한순간 마음의 평정을 잃기라도 하는 날이면 애써 쌓아온 공든 탑이 무너지고 말리라는 불길한 생각이 나를 지배하고 있었다. 그것은 일종의 공포감이었다. 나는 그 공포감으로부터 벗어나기 위해 '고백'이라는 방법을 사용했다. 지금 내가 느끼고 있는 불안감의 실체를, 그것을 제공한 가해자(?)인 아이들에게 있는 그대로 털어놓은 것이다.

"오늘 여러분을 만나러 오는데 발걸음이 무겁고 마음이 불안

했어요. 여러분은 어떻게 생각할지 모르지만 여러분을 만나기가 겁이 나고 여러분과 좋았던 관계가 깨어질까봐 두렵기도 했어요. 여러분이 선생님에게 너무 예의 없이 굴거나 말을 함부로 하면 어떻게 해야 할지 모르겠어요. 그렇다고 매를 대거나 공포감을 조성해서 여러분을 잡고 싶지는 않아요. 힘들더라도 끝까지 여러분을 믿고 사랑으로 대하고 싶어요. 그래야 여러분의 인격이 성장할 수 있기 때문이에요. 선생님이 어떻게 하면 좋을까요?"

"선생님, 저희들이 잘하겠습니다."

반장 아이였다. 녀석은 마치 작은 진리 하나를 깨우친 사람처럼 숙연하고 어른스러운 표정을 짓고 있었다. 요즘 들어 부쩍 짜증을 자주 내곤 하던 두 아이도 초롱초롱한 눈으로 나를 바라보았다. 나는 아이들에게 고백하길 잘했다는 생각이 들었다. 그들에게 화답의 미소를 던지면서 아슬아슬한 살얼음 위에서의 '고백의 지혜'를 일깨워준, 미국의 교육지도자이며 사회운동가인 파커 J. 파머에게 감사했다. 그의 저서『가르칠 수 있는 용기』제2장 '공포의 문화'에는 어느 고등학교 공작┌作 교사와 교장선생님의 일화가 이렇게 소개된다.

공작 교사는 훤칠한 키와 근육질의 건강한 사람이었다. 교장은 그에게 기술교육을 받으라고 권유하면서 공작 커리큘럼을 현대화할 필요성을 강조하지만 공작 교사의 생각은 달랐다. 보수교육센터에서 가르치는 기술보다는 학생들이 자재와 연장을 가지고 직접 손으로 연습해보는 것이 중요하다고 강변한다. 그로 인해 공작 교사와 교장은 감정적으로 대립하게 되고 끝내는 적대적인 관계가 되고 만다. 그런데 공작 교사가 워크숍 미팅에 다녀온 뒤에 행동이 달라진다. 다시 한번 그를 불러 기술보수교육에 참가하라고 요구하는 교장에게 공작 교사는 전통적인 공작 교육의 장점을 말하는 대신 이렇게 자신의 심정을 솔직하게 털어놓는다.

"아직도 저는 그 센터에 가고 싶지 않습니다. 하지만 왜 그런지 그 이유를 알게 되었습니다. 저는 두려워하고 있는 겁니다. 제가 그 과정을 이해하지 못하면 어쩌나, 나는 이미 교사로서 한물간 게 아닐까 하는 생각으로 두렵습니다."

두 사람 사이에 잠시 침묵이 흐르고 잠시 후 교장이 입을 연다.

"두렵기는 나도 마찬가지요. 그럼, 우리 두 사람이 함께 센터에 등록합시다."

결국 두 사람은 같이 교육과정에 등록하고 우정을 회복하여 더욱 돈독한 사이가 된다. 공작 교사는 자신이 공포를 느끼고 있다는 사실을 교장에게 솔직하게 털어놓음으로써 돌파구를 열었던 것이다.

그런데 한 가지 의문이 생긴다. 아니, 의문이라기보다는 가정假定이라고 해야 옳겠다. 공작 교사가 교장에게 자신의 진심을 고백했을 때 교장이 다른 태도를 보일 수도 있다는 가정 말이다. 교장이 공작 교사의 고백을 나약하고 겁 많은 교사의 변명쯤으로 낮추어 평가할 수도 있지 않은가. 그동안 그들이 적대적인 감정을 품고 있었기에 그럴 가능성은 충분하다. 다행히 교장의 성숙한 대응으로 그런 일은 일어나지 않았지만.

그런 점에서 보자면 내가 어린 학생들에게 나의 진심을 고백한 것도 위험천만한 일일 수 있다. 학생들과의 관계 개선보다는 자칫 교사의 권위를 떨어뜨리는 결과를 자초할 수도 있기 때문이다. 하지만 교장선생님이 공작 교사의 진심을 받아들였듯이 아이들 또한 나의 진실을 받아들였다. 일말의 의구심을 품고 있었던 나에게 진실과 사랑이 가장 쉬운 길임을 다시금 확인시켜주었다. 공작 교사나 내가 운이 좋았다고 말할 수도 있다. 하지만 그것이 진실에 반응하는 보편적인 인간의 모습일 수 있다.

학교에는 거짓말을 밥 먹듯이 해서 조금도 믿음이 가지 않는 아이들이 있다. 하지만 그것이 보편적인 현상이라고 말하기는 어렵다. 대다수 학생들이 거짓말을 밥 먹듯 하지는 않기 때문이다. 교사의 진실에 반응할 줄 아는 아이들도 많다. 그런 보통 학생들보다 진실성이 다소 떨어지거나 부적응 행동을 일삼는 소수 학생들에게만 교사의 시선이 집중되는 것이 문제다. 그러다 보면 어떤 상황에서도 아이들을 믿지 못하는 문제가 발생한다.

이것은 일종의 왜곡 현상이며, 교사가 학생을 감정적으로 대할 경우 이런 현상은 더욱 심해진다.

나는 아이들을 믿는 편이다. 이러한 믿음은 나의 성품이나 취향보다는 진실에 반응하는 보통의 인간에 대한 믿음에 근거한다. 사실 교사가 한 아이에 대한 믿음을 버리는 순간 교사로서의 존재 의미는 상당 부분 훼손된다. 교사로서 할 일이 없어지기 때문이다. 그런 점에서 한 아이에 대한 신뢰를 버리지 않는 것은 교사의 존재 이유를 굳건히 하는 일이기도 하다.

좋은 교사는 학생들을 교사가 밟아본 적이 없는 영토까지 밟게 해준다는 말이 있다. 내 주변에도 그런 훌륭한 교사들이 있다. 그들의 공통점은 아이들과의 소통의 어려움을 토로하면서도 변화에 대한 믿음을 버리지 않는다는 데 있다. 물론 그 반대의 경우도 종종 목격한다. 그들은 대개 다음과 같은 부정적인 언어들을 자주 쏟아낸다.

"그애는 절대 안 돼!"

"다른 것은 다 고칠 수 있어도 타고난 인간성은 고칠 수 없어."

"그애가 달라지면 내 손에 장을 지진다."

물론 한순간 감정에 치우쳐 이런 말을 할 수는 있다. 하지만 그런 마음의 상태가 지속되는 것은 경계할 일이다. 그것은 곧 자기부정과 다르지 않기 때문이다. 그보다는 차라리 교사로서의 한계를 스스로 인정하고 학생들 앞에서 그들과의 소통의 어려움을 고백하는 편이 낫다. 아이들에게 공을 넘기는 것이다. 그들이 사랑의 주체가 되어 교사의 상한 마음을 어루만질 수 있도록.

07

사랑은 사랑이되
불순한 사랑이로다

_내가 아이들에게 '좋은 교사'가 될 수 없었던 이유

나의 꿈은 좋은 교사가 되는 것이다. 내가 교육 관련 서적을 읽는 가장 큰 이유도 아이들에게 좋은 교사가 되기 위해서다. 교사로서 좋은 교사가 되고 싶은 꿈을 갖는 것은 자연스러운 일이요, 권장할 만한 일이기도 하다. 하지만 과유불급^{過猶不及}이란 말도 있듯이 아무리 좋은 꿈이라고 해도 그것이 과하면 탈이 나기 마련이다.

고백하자면 나는 좋은 교사가 되기 위해 아이들을 사랑한 적이 있었다. 목적이 좋은 교사가 되는 것이었고, 그 수단으로 아이들을 사랑했다는 얘기다. 물론 그 무렵 아이들에게 퍼부은 사랑이 죄다 그런 식은 아니었을 테지만. 좋은 교사가 되겠다는 생각이 앞서다보면 정작 아이들은 뒷전으로 밀릴 수밖에 없고, 그런 불순한 사랑이 실패로 돌아갈 것은 불을 보듯 뻔한 일이다.

6개월 과정인 중등영어교사 심화연수를 앞두고 사전 과제 중 하나로 접하게 된 『교사들의 영혼을 위한 닭고기 수프Chicken Soup for the Teacher's Soul』를 읽는 동안 줄곧 머리에 떠오른 아이들이 있었다. 초임 교사 시절 내가 사랑한, 좀더 정확히 말하면 내가 편애한 아이들이었다. 그들로부터 받은 상처가 스스로 자초한 일이었음을 깨닫게 된 것은 그로부터 상당한 시간이 흐른 뒤였다.

이 책의 저자인 잭 캔필드는 『영혼을 위한 닭고기 수프』 『어머니를 위한 101가지 이야기』 등의 에세이를 통해서 우리나라에도 꽤 알려진 작가다. 짧으면서도 감동적이고 치유력이 있는, 그야말로 닭고기 수프처럼 영양가 있는 한 편 한 편의 이야기들이 가슴에 와닿으면서도 왠지 그 감동이 쉽게 사그라지곤 했다. 하긴 긴 이야기를 짧은 에피소드로 압축하여 소개하다보면 그런 부작용이 생길 법도 하다. 어쨌거나 달짝지근한 당의정糖衣錠을 복용한 듯한 느낌을 이번에도 완전히 지울 수는 없었다. 하지만 영문 원서를 더딘 속도로 읽은 덕인지 마치 흙 속에서 진귀한 보석을 캐내는 기분이 들기도 했다. 그중 다음 두 편의 이야기를 소개한다.

다섯번째 줄에 앉은 소녀

대학 강단에 처음으로 서는 그날, 그는 입술이 바싹바싹 마를 정도로 초조하고 불안했다. 학생들을 향해 억지로 짓는 웃음은 어색하기 짝이 없었고 말까지 더듬거렸다. 그의 강의를 경청하는 학생은 아무도 없었다. 거의 공포 상태에 가까운 힘겨운 시간을 보내던 중 그는 자신의 강의를 열심히 듣고 있는 한 여학생을 발견한다. 그녀는 그에게 위로와 격려의 따뜻한 눈빛을 보여주었고, 가끔은 고개를 끄덕이며 강의 내용에 크게 공감하는 표정도 지어 보인다.

여학생 덕분에 첫 강단에서의 열패감을 극복하고 자신감과 열정을 되찾은 그는 그녀의 이름이 리아니인 것을 알아낸다. 뿐만 아니라 제출한 과제물 등을 통해 그녀가 대단히 창의적이고 섬세한 감각을 지닌 학생임을 알게 된다. 그는 리아니를 자연스럽게 만날 기회를 갖기 위해 학생들에게 자신의 연구실을 방문해도 좋다고 말한다. 첫날 자신을 구해준 일에 대한 감사의 표시도 하고 싶었고, 리아니의 내적인 아름다움과 재능을 살려주고 싶은 마음이 작용한 까닭이었다. 하지만 리아니는 끝내 오지 않았고, 한 달 남짓 지나서는 2주씩이나 수업을 빼먹는다.

그는 학생들을 통해 리아니의 소식을 알고자 하지만 놀랍게도 그녀의 존재를 기억하는 학생이 단 한 명도 없었다. 그는 학장을 찾아갔다가 충격적인 사실을 알게 된다. 리아니가 차를 몰고 가다가 절벽 아래 바다로 뛰어들었다는 것. 그녀는 겨우 스물두 살이었고, 신이 주신 그녀만의 고유함이 영원히 사라진 것에 그는 진한 슬픔을 느낀다. 그런 일이 있은 후 그는 동료교수들에게 오열하듯 이렇게 말한다.

"우리는 많은 것을 가르치기 위해 바쁘지만, 리아니가 진정으로 알아야 할 기쁘게 사는 법, 그리고 자신의 가치와 존귀함을 깨닫는 법을 가르치지 못한다면 읽고 쓰고 계산하는 그런 것들이 도대체 무슨 소용이란 말인가?"

스스로에게 던진 이 물음은 그후 대학 강단에서 사랑 수업Love Class을 공식적으로 개설하는 계기가 된다. 인간은 누구나 살아가면서 자기만의 특별한 경험을 갖기 마련이다. 문제는 그 적용이다. 두려운 마음으로 처음 강단에 선 신출내기 교수를 환한 미소와 적극적인 반응으로 구제해준 아름다운 내면을 지닌 한 젊은 여성의 자살은 그를 제자들에게 사랑을 가르치는 교수로 다시 태어나게 한 것이다. 이 가슴 뭉클한 이야기를 통해 아이들을 향한 나의 눈빛이 사뭇 달라질 수 있었던 것처럼.

5월의 금요일 밤

노라는 엄마에게 워커 선생님이 자신의 재즈공연에 와줄 것이라고 말한다. 워커 선생님은 노라를 책을 좋아하고 사색적이며 정돈을 잘하는 아이로 만들어준 1학년 때 선생님이다. 선머슴 같았던 노라에게 춤을 배울 수 있도록 용기를 북돋아준 분도 바로 워커 선생님이었다. 하지만 노라의 엄마는 아무리 딸에게 잘해준 선생님이라고 해도 그가 딸의 데뷔공연에 와주리라고 기대하지 않았다. 재즈공연이 있는 5월 금요일 밤에 워커 선생님은 딸의 공연보다는 더 중요한 어떤 일을 하고 있을 것이라고 생각했던 것이다.

문제는 철없고 순수하기만 한 딸이 현실세계에 눈을 떠가면서 경험하게 될 실망감에 어떻게 대처하느냐는 것이었다. 엄마는 곧 무대에 서게 될 딸의 분장을 위해 분주하게 손을 놀리면서도 머릿속은 온통 그런 걱정으로 가득 차 있었다. 딸에게 워커 선생님이 오지 않을 수도 있다는 암시를 몇 번 주었지만 워커 선생님에 대한 노라의 절대적인 신뢰를 흔들어놓지는 못한다.

드디어 공연날이 되고 무대의 막이 오르자, 엄마는 극장 뒤쪽을 흘끔 바라보다가 워커 선생님을 발견한다. 엄마는 반가움에 달려가 워커 선생님의 손을 잡아끌듯이 하여 딸이 꼭 잡아놓으라고 부탁한 자리에 그를 앉힌다. 공연이 끝나자 엄마는 딸을 만나기 위해 무대 뒤편으로 달려간다. 엄마를 보자마자 딸은 워커 선생님이 자신의 데뷔공연에 어떤 반응을 보였는지 알고 싶어한다. 그러자 엄마가 딸에게 이렇게 묻는다.

"워커 선생님이 오신 줄 어떻게 알았어?"

"그냥 알았어요."

'그냥'이라는 단어에 내 눈길이 오래 머물렀다. 상식적으로 생각하자면 노라는 무대 뒤로 찾아간 엄마에게 "워커 선생님 오셨어요?"라고 물었어야 했다. 하지만 워커 선생님을 잘 알고 있는 노라는 그 질문을 생략한 것이다. 그런 딸을 보고서야 엄마는 워커 선생님이 5월의 금요일 밤에 가장 중요한 일을 하고 있었다는 생각을 하게 된다. 물론 그것은 바로 사랑하는 어린 제자의 데뷔공연을 보러 오는 일이다.

나에게도 노라와 같은 제자가 있을까? 만약 그렇지 않다면 나는 왜 제자들에게 신뢰를 주지 못한 것일까? 내가 품었던 불순한 사랑! 바로 그것 때문 아니었을까.

08

꿈이 없는 아이들,
그들만의 잘못일까

　학기 초라 아이들 얼굴이 아직 익지 않아 전날 수업시간에 무슨 얘기를 주고받았는지 아리송할 때가 있다. 며칠 전 남학생 반에 들어갔는데 나를 바라보는 아이들의 눈빛이 어딘지 따뜻해 보였다. 수업 진도를 확인하려고 한 아이의 공책을 살피다가 그 아이에게 이렇게 물었다.

　"공책에 아무것도 적혀 있지 않네?"

　"공책을 안 가져온 애들이 많아서 공책 정리는 다음 시간부터 한다고 하셨어요."

"맞아. 그랬지. 그럼 전 시간에 우리가 뭐 했지?"

"선생님이 저희들에게 화를 내셨어요."

"화를 내다니? 공책 안 가져왔다고?"

"아니요. 저희들이 꿈이 없다고요."

"꿈이 없다고 화를 내다니 그게 무슨 소리야?"

"그러니까…… 선생님이 화를 내셨어요. 저희들이 꿈이 없다고……"

아이가 했던 말을 다시 하며 얼버무리는 사이, 그제야 내 기억이 되살아났다. 그렇다고 아이들에게 정말 화를 낸 것은 아니었다. 자초지종을 말하자면 이렇다. 첫 수업시간이었다. 아이들에게 영어로 인사하는 법을 먼저 말해주고 난 뒤, 출석을 부르는 차례가 되었다. 나는 출석을 부를 때 아이들의 눈을 들여다본다. 아이들에게도 2초 동안만 내 눈을 바라봐달라고 부탁한다. 그 이유를 번호가 1번인 아이에게 이렇게 설명했다.

"강아무개, 네가 수업시간에 딴짓을 하고 있는 거야. 그때 내가 '야, 너 지금 뭐 하는 거야?' 이렇게 말하는 게 좋아, 아니면 '강아무개 수업시간에 그러면 안 되지' 하고 네 이름을 부르면서 다정하게 말해주는 것이 좋아?"

"이름을 불러주는 것이 좋아요."

"그렇지? 그런데 난 머리가 썩 좋지 않아서 이름을 잘 외우지를 못해. 그래서 수업시간마다 이름으로 출석을 부르려고 해.

눈을 마주치면서 말이지. 네 이름을 외워서 네 이름으로 불러주려고. 그러니까 조금 어색하더라도 2초 동안만 나와 눈을 마주치잔 말이야. 알았지? 그리고 대답은 네가 좋아하는 영어문장으로 해."

꿈 이야기가 나온 것은 바로 그즈음이었다. 나는 아이들에게 이름을 부르면 "예"라고 하지 말고 자기가 좋아하는 영어문장으로 대답하되, 3월 한 달 동안은 "I have a dream(나에게는 꿈이 있어요)!"으로 하라고 말해주었다. 내가 좋아하는 스웨덴 출신 팝가수 아바가 부른 노래의 제목이기도 하다.

"강아무개."

"I have a dream!"

"What's your dream(네 꿈이 뭔데)?"

"예?"

"네 꿈이 뭐냐고?"

"저 꿈 없는데요."

"방금 꿈이 있다고 했잖아?"

내 말장난에 걸려든 아이가 당황하는 표정을 지으며 어쩔 줄 몰라 하자 교실은 한바탕 웃음바다가 되었다. 나는 모른 체하고 두번째 아이의 이름을 불렀다. 두번째 아이의 꿈은 경찰관이 되는 것이었다. 영어 구사력도 꽤 훌륭해 보였다. 나는 아이에게 꿈이 꼭 이루어지길 바란다는 말을 영어로 말해준 뒤에 세번째 아이의 이름을 불렀다. 그 아이는 꿈이 없었다. 꿈이 없기는 네 번째 아이도 마찬가지였다.

나는 출석을 부르는 것을 잠깐 멈추고 칠판에 영어문장 몇 개를 적었다. 꿈이 있으면 있는 대로 없으면 없는 대로 영어로 대답할 수 있도록 하기 위해서였다. 그런데 아이들은 대부분 꿈이 없었고, 따라서 꿈이 없는 경우를 대비해서 준비해놓은 문장만을 아무런 표정도 없이 앵무새처럼 따라 읽고 있었다. 그런 아이들의 표정이 나에게는 적지 않은 충격으로 다가왔다. 나는 허탈한 심정으로 출석부를 교탁에 내려놓은 뒤에 아이들에게 이렇게 물었다.

"작년 한 해 동안 책을 열 권 이상 읽은 사람 손들어보세요."

"만화책도 됩니까?"

"만화책? 좋아. 요즘은 좋은 만화책도 많잖아. 그런데 말이야……"

만화책이든 소설책이든 무료함을 달래기 위해서가 아니라 자기 성장에 도움이 된 책을 꼽아보라고 말해주었다. 처음엔 열 권, 다음엔 다섯 권, 두 권. 이런 식으로 손을 들게 한 뒤에 맨 나중에 한 해 동안 단 한 권의 책도 읽지 않은 사람은 손을 들라고 해보니 그 숫자도 적지 않았다. 첫 수업시간이고 해서 나는 사뭇 진지한 표정으로 아이들을 둘러본 뒤에 다시 입을 열었다.

"작년 한 해 동안 책을 한 권도 읽지 않을 수 있어요. 책을 한 권도 읽지 않았다고 여러분을 비난하고 싶지는 않아요. 책을 많이 읽었다고 다 훌륭하게 되는 것도 아니고요. 그런데 올해도 책을 한 권도 안 읽는다면? 그리고 내년에도 책을 한 권도 안 읽을 거라면? 그래서 고등학교 3년 동안 책을 한 권도 안 읽게 된다면? 대학을 가거나 직장을 잡은 뒤에도 책을 한 권도 읽지 않는다면? 그렇게 마음의 양식이 될 만한 책을 단 한 권도 읽지 않은 채 사회에 첫발을 내딛게 된다면? 한 사람을 사랑하게 된다면? 한 아이의 부모가 된다면? 과연 어떻게 될까요?"

여기까지 말하고 아이들의 눈치를 보아하니 뭔가 감을 잡은 듯했다. 책상에 거의 엎드리다시피 앉아 있던 한 아이가 주위의 눈치를 살피며 자세를 바로잡기도 했다. 나는 이렇게 말을 이었다.

"어쩌면 꿈을 가진다는 것은 불편한 일일 수도 있어요. 꿈이 없는 사람은 하루 종일 피시방에 있어도 불편하지 않아요. 꿈이 없는데 하루 종일 피시방에 눌러 지낸다고 무언가 달라질 것도 없을 테니까요. 그래서 제가 지금 여러분 대신 화를 내고 있는지도 몰라요. 여러분은 작년 한 해 동안 책을 한 권도 읽지 않아도 전혀 마음이 불편하지 않으니까요. 여러분은 꿈이 없어서 자기 자신에게 화를 낼 줄도 모르니까요."

당연한 말이겠지만, 꿈이 없는 아이들은 자기를 가꾸지 않는 경향이 있다. 해마다 첫 수업시간에 아이들과 꿈 이야기를 주고

받는 이유이기도 하다. 물론 아이들이 꼭 꿈을 꾸어야 한다고 생각하는 것도 하나의 고정관념일 수 있다. 꿈이 없는 아이들의 입장에서는 꿈이 무어냐고 물어보는 것만큼 짜증나는 일도 없을 것이다. 아이들이 꿈을 꾸지 않는 것이 꼭 아이들만의 잘못은 아닐 것이다.

"작년에 책을 한 권도 읽지 않은 학생이 올해 책을 두 권씩이나 읽게 된다면 그것도 꿈을 이루는 것입니다. 한 번도 해본 적이 없는 일을 해보는 것은 대단한 일이니까요. 공책 정리를 제대로 하지 않은 학생이 지금부터 공책 정리를 제대로 한다면 그것도 꿈을 이루는 것입니다. 꿈을 이룬다는 것이 최고가 되는 것을 의미하진 않아요. 인내심을 발휘하여 내가 하고 싶고 하고자 하는 일을 기어이 해내는 것, 이것도 아주 훌륭한 꿈이 될 수 있어요."

최고만을 추구하는 승자독식의 비정한 사회에서 평범한 아이들이 꿀 수 있는 꿈이 과연 존재하기나 할까? 그런 물음을 나 자신에게 던지면서 아이들에게 갈무리 삼아 해준 말이었다.

계절은 해마다 돌아오지만
꿈꿀수있는 계절은 지나면 그뿐

09

선생님은
현실을 너무 몰라요

_현실에 안주하느라 더이상 꿈꾸지 않는다면

수업을 마치고 교실 문을 나서는데 한 아이가 내 앞으로 다가왔다. 나는 걸음을 멈추고 할 말이 있으면 해보라는 표정을 지어 보였다. 아이는 실실 웃기만 할 뿐 아무 말이 없다가 내가 돌아서려 하자 급하게 말을 던졌다.

"선생님은 현실을 너무 몰라요."

처음에는 무슨 뚱딴지같은 소린가 싶었다. 하지만 이내 감이 오기 시작했다.

"정직이 최상의 정책이다. 이 말 때문이냐?"

"그 말 틀린 말이잖아요. 정직하면 손해 보잖아요."

내 추측이 맞았다. 수업시간에 정직이라는 영어단어를 설명하면서 속담을 소개한 것이 화근(?)이었다. 정직하면 당장은 손해를 보기도 하지만 길게 보면 정직만큼 큰 재산도 없다는 식으로 말을 해준 것이었다. 혹시 이 아이는 어린 나이에 세상 풍파를 다 겪어버린 것은 아닐까?

"넌 정직해서 손해 본 일이 많니?"

"예? 그런 건 아니지만……"

나는 아이의 말에 일단 안심을 하고 다시 입을 열었다.

"현실을 몰라서가 아니야. 정직하지 못한 사회니까 너희들더러 정직하게 살라고 말한 거야. 그래야 좀더 나은 사회가 될 거 아니야."

"정직하게 살면 손해 보잖아요."

같은 말을 반복하는 걸로 보아 아이는 쉽게 승복할 수 없는 모양이었다. 정직해서 손해 본 일도 없는 아이가 왜 이렇게 과민반응을 보이는지 모를 일이었다. 하지만 이것도 좋은 기회다 싶었다.

"네가 사장이라고 해봐. 그럼 넌 정직한 사람을 회사 간부로 만들고 싶어, 아니면 거짓말이나 잘하는 사기꾼 같은 사람을 간부로 만들고 싶어? 말해봐."

"그거야 정직한 사람을……"

"봐. 정직해야 취업도 하고 승진도 할 수 있잖아."

"아, 아닌데……"

"그리고 돈만 많으면 행복할 줄 아는데 꼭 그런 것도 아니야."

"돈이 많으면 좋죠."

"나도 돈이 많으면 좋아. 하지만 돈이 많다고 꼭 행복해지는 것은 아니란 말이야."

"돈이 많은데 왜 행복하지 않아요?"

아이는 막무가내였다. 물론 아이의 눈에는 내가 더 막무가내로 보였을 테지만. 어린 학생이 돈에 대해 긍정적 인식을 갖는 것은 나쁜 일이 아니다. 문제는 돈에 대한 환상이다. 굳이 선생인 내가 애쓰지 않아도 그 환상은 깨지기 마련이지만, 그 시기가 늦을수록 아이는 행복과 멀어질 가능성이 크다. 돈이나 경제력을 행복의 유일한 조건으로 굳게 믿는 동안 행복으로 가는 수많은 다른 길을 놓칠 수밖에 없기 때문이다. 그러니 아이에게 이런 말을 해주는 것은 교사로서 당연한 일이다.

"그래, 너에게 돈이 많다고 하자. 그런데 네 아빠가 널 사랑하지 않는 거야. 네가 너무 돈만 밝혀서 그럴까? 글쎄, 그 이유는 잘 모르겠어. 아무튼 네 엄마도 네 아빠도 네 모든 가족이, 심지어는 네 친구들까지 널 사랑하지 않는 거야. 그건 너도 마찬가지야. 넌 네 아빠도 엄마도 모든 가족과 친구들도, 아니 이 세상 어느 누구도 사랑하지 않아. 넌 오로지 돈만 사랑하는 거지. 아무도 사랑하는 사람이 없는데 넌 행복할 수 있을까?"

장황한 설명에 기가 죽었는지, 아니면 알아듣겠다는 것인지 아이는 잠깐 할 말을 잃은 듯했다. 하지만 곧 입가에 야릇한 미소를 머금더니 이렇게 말하는 것이었다.

"에이, 그것은 말이고 이론이잖아요. 현실은 그렇지 않잖아요."

한참 현실을 이야기했는데 현실이 아니라니? 나는 다시 아이를 상대할까 하다가 그만두었다. 당장은 무슨 말을 해도 소용이 없을 것 같았다. 아이는 무엇이 잘못된 걸까? 정직하면 손해를 볼 수도 있고 이익을 볼 수도 있다. 문제는 손해를 보는 것만 현실로 인정하고 이익을 보는 것은 현실로 인정하지 않는 데 있다. 과거 같으면 너무 순수해서 탈인 청소년기 아이들이 왜 이렇게 변해버린 것일까? 그것은 이상은 없고 현실만 있는 이른바 '현실공화국'에 사는 우리 어른들의 사고방식이나 말버릇 때문이 아닐까?

"그거야 알죠. 하지만 어디 현실이 그래요?"

공부를 잘하던 애가 갑자기 성적이 떨어지기 시작해 속상해 죽겠다고 하소연하는 학부모에게 적절한 동기부여 없이 공부만 강요하다보면 그럴 수도 있으니, 마음을 비우고 자녀와 대화해보라고 했더니 대뜸 내게 한 말이다. 자녀와 대화를 해보라는데 웬 현실 타령인가. 길을 잃고 헤매는 사람에게 길을 찾아주었더니 이렇게 말하는 꼴이 아닌가.

"저도 길은 알아요. 하지만 어디 현실이 그래요?"

현실적인 상황 판단이나 인식이 부족한 사람을 일컬어 현실을 모르는 사람이라고 해야 옳다. 예를 들어 자녀의 말에 귀를 기울이지 않고 막무가내로 밀어붙이는 사람이 바로 그런 사람이다. 당장의 이익에 현혹되어 자녀에게 정직을 가르치지 않는 부모도 마찬가지다. 참된 교육을 등한시하고 오로지 입시에만 매달리는 오늘날의 학교 모습도 그렇다. 그 결과는 너무도 뻔하다. 계속 길을 잃고 헤맬 수밖에 없다.

어처구니없는 것은 그런 현실적이지 못한 어리석은 사람들이 현실을 잘 아는 사람인 양 행세할 뿐만 아니라, 상당수의 사람들이 그것을 인정해주고 있다는 사실이다. 그들 눈에 정직한 사람은 현실을 모르는 사람일 뿐이다. 그것이 바로 현실공화국, 곧 후진사회의 특징이기도 하다. 우리는 언제나 그 굴레에서 벗어날 수 있을까?

삶을 배우고 자기 정체성을 확립해가는 시기에 있는 청소년들에게 정직하면 손해 본다고 생각하게 하는 사회는 희망이 없다. 아, 이런 너무도 당연하고 하나 마나 한 말을 군이 힘주어 할 필요가 있는가. 그런데도 나는 자꾸만 귀가 간지럽다. 어디선가 이런 말이 들려오는 것 같기 때문이다.

"에이, 그것은 말이고 이론이잖아요. 현실은 그렇지 않잖아요."

이제는 손쓸 수 없을 정도로 우리나라 공교육을 심각하게 훼손하고 있는 강제 보충자율학습도 따지고 보면 교육의 정도는 아랑곳하지 않고 현실 타령만 일삼는 우리 교사들과 학부모들의 합작품이다. 이제는 어느 누구도 강제적인 보충자율학습에 문제 제기를 하지 않는다. 그 말이 입에서 발음되는 순간, 그는 현실을 모르는 이상주의자나 망상주의자로 취급받기 십상이기 때문이다. 교육의 이상을 애써 꿈꾸지 않고 현실에 안주하는 동안 우리 학교사회는 이렇게 손쓸 수 없을 만큼 불구의 상태가 되어버린 것이다. 자신이 불구라는 사실조차 인식하지 못하는.

10

교사는 어딘가에 상상력의 우물을 숨기고 있을 때 아름답다

점심을 먹고 신입생 오리엔테이션이 진행되고 있는 다목적 강당으로 달려갔다. 1학년 부장선생님이 마이크를 잡고 학생들을 조용하게 하느라 애쓰고 있었다. 부장선생님을 무대 뒤로 불러내어 대강 하고 마이크를 넘겨달라고 했다. 특별활동부장인 나를 소개하는 소리가 들렸다. 나에게 주어진 시간은 이십 분. 주제는 계발활동(동아리) 소개와 활성화에 관한 것이었다.

300명에 가까운 학생들 앞에서 성능도 별로인 마이크를 잡고 뭔가 이야기하는 것은 참 고역스러운 일이다. 이틀째 강당에 모여 학교에서 일방적으로 준비한 것을 전해 듣고 있는 학생들이 더 죽을 맛이겠지만. 나는 마이크를 잡고 무대에서 내려와 학생들 속으로 들어갔다. 그리고 웃옷 안주머니에서 비장의 무기를 꺼냈다.

"이게 뭘까요? 결혼 청첩장 봉투입니다. 예쁘지요? 여기 오기 전에 서랍을 뒤져보니 이것이 있어서 가지고 나왔습니다. 중요한 것은 이 속에 들어 있는 바로 요것입니다."

'바로 요것'을 보여주자 학생들의 함성이 터져나왔다. 눈빛도 '확' 달라졌다. 그것은 다름 아닌 오천원권 지폐였다.

"문화상품권을 준비하지 못해서 이것을 가지고 나왔습니다. 오늘 선생님이 여러분과 함께 나눌 이야기의 주제는 ○○활동입니다. 올해부터는 그것을 동아리활동이라고 부르기도 합니다. 그 두 글자가 무엇인지 알아맞히는 학생에게 이 오천원을 줄 겁니다. 아니, 그러기 전에 선생님하고 오 분 정도 대화를 나눌 사람이 필요한데 그 친구에게도 오천원을 문화상품권 대신 드리겠습니다. 누구든지 좋아요. 나오세요."

잘한 일인지 잘못한 일인지는 모르지만 나는 그렇게 첫 운을 떼었다. 그리고 이십 분 동안 학생들과 나름대로 하고 싶은 얘기를 충분히 나누었다. 그것이 돈의 위력인지 내 상상력의 위력인지는 잘 모르겠지만. 나는 돈을 탐하여 나온 학생에게 이렇게 물었다.

"만약에 네가 한 달에 300억을 번다면 그 돈을 어디에 쓰고 싶어? 한 가지 조건은 그 돈을 네 행복을 위해서만 써야 돼."

"집 사요."

"그래? 그럼 좋은 집을 사고 싶겠지?"

"당근이죠. 정원도 있고 수영장도 있는 집요."

"아무리 좋은 집이라도 300억이면 살 수 있겠지?"

"그렇겠죠?"

"그럼 그다음 달에 받은 300억으로는 뭐 하지?"

"세계여행 가요."

"세계여행을 가려면 돈이 얼마나 들까?"

"쓰기 나름이겠지요."

"그럼 넉넉하게 잡아서 한 10억?"

"예. 좋아요. 그 정도면."

"300억으로 30번은 세계여행 다녀올 수 있겠네?"

"그러네요."

"그럼 그다음 달에 받은 300억으로는 뭐 하고 싶어?"

"옷 사요."

"옷도 300억이면 평생 입을 옷을 사고도 남겠지?"

"예."

"그럼 그다음 달에 받은 300억으로는 뭐 하고 싶어?"

"잠깐 있어봐요. 그러니까 그 돈으로…… 예, 저금해요."

"저금은 무슨? 다음 달에 돈 300억이 또 나오는데."

"그럼 어려운 사람들 도와줘요."

"너 자신의 행복을 위해서만 쓰라고 했잖아."

"맞다."

약 오 분 동안 그 학생과 내가 보여준 즉석 퍼포먼스의 목적이 돈이나 재화에 대한 부정적인 인식을 심어주려는 데 있었던 것은 아니다. 그보다는 인간이 행복하기 위해 그다지 많은 돈이 필요하지 않다는 결론을 도출해내기 위해서였다. 중요한 것은 그다음이었다.

"그럼 무엇이 우리를 진정으로 행복하게 해줄까요?"

느닷없는 질문에 학생들은 눈만 껌벅이고 있었다. 내가 원했던 바로 그 순간이 왔다. 학생들에게 일방적으로 정숙을 강요하지 않고도 이런 순간을 만들어내기 위해서는 교육적 상상력이 필요하다. 나는 서서히 본색을 드러내기 시작했다.

"우리 학교 도서관에 약 만오천 권의 책이 있습니다. 그런데 여러분이 읽을 수 있는 책은 불과 몇백 권, 혹은 몇십 권에 불과할 수 있습니다. 그렇다면 나머지 책은 여러분에게 종이 쓰레기나 다름이 없습니다. 일 년에 학교운영비의 4퍼센트를 책값으로 지불하는데 그것들이 종이 쓰레기가 돼버리고 마는 것입니다. 왜 이런 일이 생기는 걸까요?"

"책 읽기를 싫어해서요."

"왜 책 읽기를 싫어할까요?"

"책이 싫으니까요."

"왜 책이 싫은 걸까요?"

"그건……"

"그것은 독서 훈련이 안 되어 있기 때문일 수 있어요. 책을 읽을 때 조금씩 수준을 높여서 여러분의 독서 능력을 ○○해야 하는데 여러분이 읽고 싶은 책만 골라 읽다보니 그리된 것이지요. 그 ○○이 무엇일까요? 그 두 글자가 무엇인지 말할 수 있는 사람? 돈은 안 줍니다. 도서상품권 대신 돈을 준비한 것은 여러분의 관심을 끌기 위한 것이었는데 조금은 슬픈 일입니다. 이것도 여러분이 여러분 자신을 ○○함으로써 오는 진정한 행복을 소유하지 못해서 생긴 일일 수 있어요. 그 행복을 돈으로 사려는 것이지만 오늘 우리가 확인했듯이 우리가 행복하기 위해서 그렇게 많은 돈이 필요한 것은 아니에요. 그보다는 여러분 자신을 ○○하는 것이 더 중요하지요. 여기서 ○○이 무엇일까요?"

그 답을 잠시 미루고 나는 우리 학교 계발활동부서(동아리)를 하나씩 소개했다. 그리고 내 순서를 이렇게 갈무리했다.

"여러분이 행복하기 위해서는 여러분을 행복하게 해주는 것이 많아야 합니다. 선생님은 행복한 사람입니다. 그만큼 선생님을 행복하게 해주는 것이 많기 때문이지요. 선생님을 가장 행복하게 해주는 것은 자연과 책입니다. 철마다 피는 꽃도 그렇고 산에 오르는 것도 그렇고 가을바람을 느끼며 산책하는 것도 모두 선생님을 행복하게 해주는 것입니다. 학교 도서관에 있는 책도 선생님을 행복하게 해줍니다. 그런데 책과 자연을 통해서 선생님이 행복할 수 있는 것은 선생님이 선생님 자신을 꾸준히 ○○했기 때문에 가능한 일이었습니다. 이 행복이 하루아침에 하늘에서 떨어진 것이 아니란 얘기지요. 나를 ○○하는 것, 이것이 정말 중요한데 솔직히 요즘 입시교육하느라 학교에서 이런 거 별로 신경 안 씁니다. 하지만 우리 학교는 토요일마다 두 시간씩 꼭 계발활동을 합니다. 요즘은 계발활동을 동아리활동이라고 부르지요. 동아리활동을 통해서 여러분 자신의 소질을 계발하면서 행복하게 학교생활을 하길 바랍니다. 고맙습니다."

이미 눈치챘겠지만, 답은 '계발'이다. 그냥 계발이라고 말하면 될 것을 이렇게 빙빙 돌아온 이유는 물론 아이들의 호기심과 상상력을 부추기기 위해서다. 이를 위해 어쩔 수 없이 돈의 위력에 편승한 것은 서글픈 일이긴 하지만.

사막이 아름다운 이유는 그 어딘가에 우물을 감추고 있기 때문이다. 내가 열 번도 더 읽은 생텍쥐페리의 『어린왕자』에 나온 말이다. 교사는 그 어딘가에 상상력의 우물을 숨기고 있을 때 아름답지 않을까?

11

아이들의 행복에 민감한
교사가 되고 싶다

점심시간이 되어 학교 식당에 가는 길이었다. 작년에 담임을 맡았던 한 아이가 나를 보더니 환한 얼굴로 달려와 반갑게 아는 체했다.

"선생님 요즘 왜 그렇게 보기 어려워요?"

"그래? 엊그제 우리 보지 않았니?"

"그랬나요? 그래도 오랜만에 뵙는 것 같아요."

"작년에는 매일 만나서 그런가보다."

"그때가 그리워요."

그립다는 말처럼 사람의 마음을 서늘하게 하는 것이 또 있을까? 그것도 세상을 오래 살지도 않은 어린 학생의 입에서 나오는 말이라 그런지 느낌이 더욱 각별하다. 아무튼 요즘 나는 하루가 멀다 하고 아이들에게 그립다는 말랑말랑한 말을 듣고 산다.

　그뿐이 아니다. 엊그제는 아이들 너덧이 떼로 몰려와서 이번 주말에 산에 가자고 졸라댔다. 담임이 아니어서 그럴 수 없다고 했더니 말도 안 된다고 소리를 버럭버럭 질러댔다. 한 아이는 내 가슴팍을 툭툭 찌르며 숫제 행패(?)를 부리기도 했다.

　"왜 안 되는데요? 선생님도 우리 담임선생님이셨잖아요."

　"지금은 아니지. 나도 너희들과 산에 가고 싶지만 그건 좀 곤란해. 나중에 담임선생님이 아시면 너희들을 섭섭하게 여기실 수도 있잖아."

　"알았어요. 그러니까 이제 우리 담임선생님 아니라 이거죠?"

　"너희들 학교 졸업하면 그때 산에 가자. 알았지?"

　"흥, 그땐 남자 친구들이랑 가지 선생님하고 왜 가요?"

　그렇게 아이들과 사랑싸움(?)을 하다보면 참 행복한 생각이 들기도 하지만, 다른 한편으로 왜 아이들과 함께 산에 가면 안 되는지 한번 따져보고 싶은 마음이 들기도 한다. 똑같은 아이들인데 담임이 아니라고 이렇게 달라져야 하다니. 아이들에게 전화를 하는 것도 그렇다. 작년에는 학교생활에 잘 적응하지 못한 아이들뿐만 아니라 반 전체 아이들에게도 한 달이 멀다 하고 집으로 전화를 걸곤 했는데 지금은 그럴 수가 없다.

전화는 고사하고 아이들에게 전자메일을 보내는 것조차 망설여진다. 어쩌다 메일이 오면 답장을 해주는 것이 고작이다. 그것도 아주 길지는 않게. 작년 한 해 동안 아이들과 주고받은 편지를 출력하면 장편소설 분량의 꽤 두꺼운 책 한두 권은 나올 성싶다. 가끔 컴퓨터에 들어가 빼곡히 적힌 아이들의 이름을 하나하나 불러내어 그들과 주고받았던 얘기를 뒤적이면 언제 이렇게 많은 메일을 주고받았는지 의아할 정도이다.

그렇게 마음을 쏟은 아이들이니 하루아침에 정을 뗀다는 것이 쉬운 일이 아니지만 그것이 교직사회의 불문율인 것을 어찌하겠는가. 아이들이 하필 산에 가자고 졸라대는 것은 그럴 만한 이유가 있다. 작년에 반 아이들과 자주 산행을 했기 때문이다. 그땐 내가 아이들에게 산에 가자고 졸라대곤 했다. 담임을 잘못 만나 고생한다고 투덜거릴 때는 언제고 이제는 그 시절이 그립다고 야단을 떨고 있는 것이다.

아이들이 들으면 섭섭할 말이지만 올해는 담임을 맡지 않으니 정말 그렇게 편할 수가 없다. 담임이 하는 일이 그렇게 많았나 싶을 정도로 하루 일과가 한산하다. 거기에 늘 살얼음판을 걷는 듯한 심리적 압박감까지 보태면 그때가 그립다는 아이들의 말이 내게는 징그럽게 들리기도 한다. 그렇다고 한들 사람이 사람을 그리워하는 것만큼 값지고 아름다운 일이 또 있을까?

　다른 것은 몰라도 아이들의 마음밭에 그리움을 심어주었다는 생각을 하면 그래도 적잖은 위안이 되기도 한다. 잎 다 져버린 앙상한 가지 끝에 까만 둥지 하나 달고 있는 기분이랄까. 아니면 산등성이의 아름다운 곡선으로 남은 겨울 잡목이 된 기분이랄까.

　　　　잎이 무성할 때는 보이지 않던
　　　　겨울 미루나무
　　　　앙상한 가지 끝에 달린
　　　　까만 둥지 하나

　　　　한 생애의 이파리가 다 지고 나면
　　　　누군가 날아와 깃들일
　　　　따뜻한 둥지 하나
　　　　내 안에도 남아 있을 것인가

　　　　잎 다 지고
　　　　산등성 아름다운 곡선으로 남은

겨울 잡목들을 지나
새 한 마리
집으로 돌아오고 있다

나는 누구에게
그리운 사람이 되겠느냐

_졸시 「둥지」

교사의 사랑은 언제나 현재진행형이다. 아이들의 가슴에 어떤 그리움을 심어주는 것도 현재에 충실할 때 가능한 일이다. 그러니 과거의 아이들에 대한 그리움은 잠시 접어두고 새롭게 다가온 아이들에게 푸른 미소를 보여주어야 한다.

며칠 전 수업을 시작하려는데 아이들의 눈이 게슴츠레 풀려 있었다. 손뼉을 쳐서 주의를 환기시켜도 잠시 모아졌던 초점이 금세 다시 풀어졌다. 하기 싫은 공부를 억지로 하고 있으니 그럴 만도 했다. 그렇다고 혼자서 수업을 할 수는 없는 노릇. 나는 잠시 책을 덮게 하고 이런 말을 해주었다.

"요즘 문득 이런 생각을 했어요. 나로 인해 행복해지는 사람이 많았으면 좋겠다고요. 그것이 내 인생의 목표가 되어도 손색이 없겠다고요. 나 때문에 내 가족이 행복해지고 나 때문에 내 이웃이 행복해지면 나도 덩달아 행복해질 거 아니에요. 그 이상 뭘 바랄 게 있겠어요. 그런데 지금 선생님은 불행해요. 그 이유는? 바로 여러분이 행복해 보이지 않아서 그래요. 학생은 공부에 흥미를 잃어버리면 불행할 수밖에 없어요. 적어도 하루 일곱 시간은 학교에 있어야 하잖아요. 알고 보면 공부만큼 재미있는 것도 없어요. 자, 책을 펴세요."

학교에는 이런 교사의 말에 반응하는 아이들이 있는가 하면 그렇지 않은 아이들도 있기 마련이다. 하지만 교사의 지도에 얼른 반응하지 못하는 아이들도 교사가 쓰는 언어의 질감을 분별할 줄 안다. 어떤 상황 속에서도 아이들을 긍정하는 것. 아이들의 행복에 민감해지는 것. 작년 한 해 동안 내가 아이들에게 해준 것은 그뿐이었고, 그것으로 충분했다.

12

어느 예비교사의
아름다운 번민

아름다운 인간의 모습은 어떤 것일까? 오른손이 하는 일을 왼손이 모르도록 남몰래 온정을 베풀거나 온전한 자기희생을 통해 공동체의 이익을 추구해온 사람이라면 아름다운 인간이라는 찬사를 듣기에 부족함이 없으리라. 거기에 또 한 유형의 아름다운 인간상을 더한다면 '번민하는 사람'이 아닐까? '번민'을 국어사전에서 찾아보니 "마음이 번거롭고 답답하여 괴로워함"으로 풀이하고 있다. 물론 마음이 번거롭고 답답하여 괴로워하는 그 자체가 아름다운 것은 아닐 것이다. 중요한 것은 그 번민의 지향이다.

경북 경산에 사는 한 예비교사가 보내온 두번째 편지에는 그런 아름다운 번민이 진하게 묻어 있었다.

스물여섯에 처음 '가르치는 사람'이 되겠다는 마음을 먹었을 때, 그래서 어떻게 쓰이든 교사자격증을 가져야겠다고 결심하고 수험생활을 할 때, 그때는 분명하던 '내가 되고 싶은 교사'의 모습이 요즘은 참 희미합니다.

동굴 깊숙한 곳에서 동굴 입구에 스며든 작은 빛을 바라보는 듯합니다.

'어떻게 살아야 할까?'

스무 살에 겨우 시작한 고민은 아직도 안개 속을 헤매고 있습니다.

어떤 교사가 되어야 할까? 어떤 교사가 되고 싶은가? 어떤 준비를 해야 할까? 나는 어떻게 배우고 성장해야 할까? 오히려 고민거리만 많아졌습니다.

며칠 전에는 난 왜 이런 반찬거리도 안 되는 고민이 만득이 귀신처럼 따라다니는지 모르겠다면서 언니에게 투정 부리듯 이야기하다가 그만 눈물이 나고 말았습니다.

이 편지를 읽고 나도 그만 눈물이 핑 돌고 말았다. 특히 내 눈물샘을 자극한 것은 "나는 어떻게 배우고 성장해야 할까?"라는 대목이었다. 교사가 되고 싶으면 사범대학을 나오거나 교직 과목을 이수한 뒤 열심히 임용고시를 준비하여 점수를 1점이라도 더 올려 합격할 생각을 하면 될 일이지, 미리부터 어떻게 배우고 성장해야 할지를 고민할 필요까지야 있나?

그것이 우리 사회의 상식이겠고 편지를 쓴 이는 그런 세간의 통념이나 상식만으로 아이들을 만난다는 것이 스스로 용납되지 않았던 것이리라. 그녀는 첫 편지에 "평소 선생님의 연재기사를 기쁘게 읽고 있는 독자입니다"라고 자기소개를 한 뒤에 "부탁은 저와 이야기를 좀 나누어주십사 하는 것입니다"라고 사뭇 절박한 어조로 내게 말을 걸어왔다. 다음이 내가 보낸 답장의 일부이다.

저와 얘기를 해달라는 그 부탁에 끌렸다고나 할까
요? 저도 인생의 고비에서 누군가에게 그런 부탁을
드리고 싶었지요. 그 부탁을 들어줄 수 있는 위치에
있다는 것이 대견스럽고 기쁘답니다.

오늘 제 컴퓨터에 방을 하나 만들어놓았습니다.

작년에는 담임을 하느라 서른다섯 개의 방이 필요
했는데 올해는 단 하나의 방뿐이네요.

그 방이 누구를 위한 방인지 아시겠지요?

그것은 그녀와의 소통을 위한 방인 셈이었지만 솔직히 처음에
는 부담스러운 마음도 없지 않았다. 반 아이들하고 주고받는 메
일이야 친한 친구와 대화를 나누듯 마음에 있는 생각을 그대로
쏟아놓으면 그만이다. 하지만 예비교사로서 어떻게 배우고 성장
할 것인지를 고민하고 있는 사람에게 과연 내가 무슨 말을 해줄
수 있을 것인지 걱정이 되기도 했던 것이다. 곧 나는 마음을 바꾸
었는데, 그것은 그녀의 예비교사로서의 번민이 곧 나의 번민이
될 수도 있을 거라는 생각 때문이었다. 내가 후배나 동료교사들
에게 꼭 읽어보라고 권하는 책 중 하나인 하임 G. 기너트의 『교
사와 학생 사이』(신홍민 옮김, 양철북)에는 이런 대목이 나온다.

나는 교사 500명에게 질문한 적이 있다. 사범대학에 다닐 때 '아이들은 여러분을 자주 짜증나게 하고, 괴롭히고, 화나게 할 것입니다. 화가 났을 때 이렇게 하면 됩니다' 하고 가르쳐준 강의를 들어본 적이 있느냐는 질문이었다. 그런 강의를 들어본 교사는 한 사람도 없었다.

사정이 이렇다보니, 새내기 교사들의 입에서 절망에 가까운 끔찍한 고백이 쏟아져나오는 것은 어쩌면 당연한 일이다.

"교사생활한 지 1년이 되었는데, 지금의 결론은 이 직업이 내 적성에 맞지 않다는 거예요. 교사생활을 시작할 때는 사랑과 환상에 가득 젖어 있었어요. 이제 환상은 증발하고, 사랑은 가버렸어요. 교직은 직업이 아니라 생명을 야금야금 갉아먹는 과정, 일수 찍듯 날마다 생명을 거두어가는 과정이에요."

편지를 받은 후 서너 달쯤 지나 그녀가 남자친구와 함께 나를 찾아왔다. 경북 경산에서 전남 순천까지 만만치 않은 거리를 아랑곳하지 않고 달려온 두 젊은이를 나는 순천만으로 안내했다. 그리고 석양 무렵, 압록을 지나 구례로 가서 저녁을 함께 먹고 우리는 아쉬운 작별을 했다. 함께 있는 동안 교육에 관한 이야기를 많이 나눈 것은 아니었다. 섬진강 지류가 흐르는 냇가에 돗자리를 깔고 앉아 담소를 나누는 동안 이런 말을 해주었을 뿐이다. 우리는 짧은 시간에도 많이 친해져 자연스레 말을 놓게 되었다.

"순수하면 되는 거야. 두 사람 사이도 그렇고 교사와 아이들과의 관계도 그렇고. 부모와 자식 관계도 마찬가지야. 이 세상에서 가장 나쁜 것은 어떤 목적을 위해 누군가를 수단화하는 거지. 나중에 교사가 되거든 아이들 많이 사랑해줘. 좋은 교사가 되기 위해서 사랑하지 말고 그냥 사랑해줘. 그러면 좋은 교사가 되는 거야. 그 순서가 뒤바뀌면 이미 사랑이 아니야."

그 말은 나 자신에게 해준 말이기도 했다. 아이들을 순수하게 사랑하는 일이 그다지 어렵게 느껴지지 않다가도 가끔은 그 순수성을 잃어버리고 헤맬 때가 있다. 그렇다. 무엇이든 순수성을 잃어버리면 헤맬 수밖에 없다. 영혼이 기쁘지 않은 것이다. 영혼이 기쁘지 않다는 표현은 결코 낭만적인 수사가 아니다. 영혼이 기쁘지 않으면 현실의 삶이 피폐해질 수밖에 없기 때문이다. 그러니 내가 젊은 벗들에게 순수함을 요구한 것도 따지고 보면 현실적으로 손해 보는 삶을 살지 말라고 당부한 것이나 다름이 없다.

우리가 흔히 말하는 입시교육이란 교육의 순수성, 혹은 교육

이상을 잃어버린 상태를 의미한다. 이에 대해 사람들은 대체로 이렇게 말한다.

"입시교육에 문제가 있다는 것은 삼척동자도 다 알지만 사람이 어찌 이상만 가지고 살 수 있단 말입니까? 교육 이상도 좋지만 현실을 무시할 수는 없는 거잖아요?"

맞는 말이기도 하고 틀린 말이기도 하다. 세칭 일류 대학을 나오지 않으면 사람 행세를 제대로 못하는 나라에서 우선 대학 입시에 유리한 방향으로 공부를 할 수밖에 없다는 점에서는 맞는 말이다. 문제는 그 현실의 끝이다. 중학생은 고등학교 진학에만, 고등학생은 대학교 진학에만, 대학생은 취업에만 목표를 두는 식이라면 인간의 생애 중 가장 생기 넘치고 행복해야 할 16년의 세월은 무엇을 위한 수단으로서만 존재하는 셈이다. 이것이 어쩔 수 없는 현실이라면 그 현실의 끝은 어디일까?

수단화된 삶은 결국 노예의 삶을 의미한다. 온 나라가 점수의 노예가 되고 돈의 노예가 되어 인간의 참모습을 잃어가는 것보다 더 끔찍하고 불행한 일이 또 있을까? 그 현실의 끝에 우리 교육이 이미 와 있는지도 모를 일이지만.

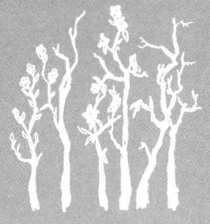

제2부

아이들과 함께 있으면
나는 내가 좋아진다

13

네 자퇴원
아직 내 서랍 안에 있다

_마지막으로 아이를 찾아가다

토요일 휴무 확대에 대해 이러쿵저러쿵 말이 많다. 토요일마다 쉬어주고 학생들이 그 시간을 스스로 잘 관리할 수 있도록 하면 될 일 같은데 그렇지가 않은 모양이다. 쉬는 토요일에 학교에 나오기를 희망하는 학생이 단 한 명이라도 있으면 학교는 문을 열어야 한다는 공문이 내려와 희망자 조사라는 것을 한 적이 있다. 학생들은 무슨 조사인지 얼른 이해가 안 간다는 표정이었다. 자세히 설명해주자 더욱 아리송한 표정을 지었다. 학교에서 쉬라는데 왜 나오느냐는 것이다.

시내 모 고등학교는 학생 전체가 이날 자율학습을 하기로 했단다. 물론 학생들의 의사를 묻지 않고 일방적으로 결정한 일이다. 엄연한 불법이다. 아니, 법을 따지기 전에 교육을 모르는 무지의 소치다. 학교에서 하는 학과 공부만이 공부는 아니지 않은가. 그리고 학생도 인간인데 적당한 휴식이 필요한 것은 굳이 강조할 것도 없다. 그리고 그럴 거면 차라리 휴무제도 자체를 도입하지 말아야 했다.

또 어떤 학교는 희망자 조사를 하면서 학교에 나오지 않기를 원하는 학생에게는 과도한 숙제를 내주었다고 한다. 부모들도 자녀에게 숙제를 내주거나 그들이 학교에 있길 바라는 편이어서 향후 토요일 휴무제도가 어떤 방향으로 길을 트게 될지 대강의 그림이 그려진다.

문제는 학교를 안전지대라고 믿지 못하면서도 자녀가 학교에 있기를 원하는 이중적인 태도를 보이는 적지 않은 수의 학부모들이다. 말하자면 학교는 자식을 부모와 격리하여 수용하는 공간으로서의 역할도 톡톡히 하는 셈이다. 물론 학부모들이 학교를 믿는 것은 학교에 자녀를 관리해주는 교사가 있기 때문일 것이다. 하지만 생각해볼 일이다. 교사의 관리나 통제에 익숙해진 아이들을 두고 과연 안심할 수 있을까? 긴 학창 시절 동안 자기 삶의 주인이 되어본 경험이 없는 아이들이 어른이 되어서 온전한 삶을 살 수 있으리라 장담할 수 있을까?

자기 시간을 스스로 계획하거나 사용할 수 없는 부류의 사람을 우리는 노예라 칭한다. 요즘 학생들을 일컬어 공부의 노예라고 말하는 것도 바로 그런 이유에서다. 피 끓는 청소년기에 세상의 거리를 활보하지 못하고 오로지 학교라는 닫힌 공간에서만 삶을 관리받은 아이들에게 맹종과 안일, 혹은 자유가 아닌 방종 외에 무엇을 기대할 수 있을까? 언젠가 쉬는 토요일을 앞둔 금요일 종례시간에 반 아이들에게 해준 말이다.

"내일 특별한 계획이 없으면 혼자서 길을 한번 떠나보세요. 평소에 그런 생각 많이 하잖아요. 어딘가 훌쩍 떠났다가 오고 싶다고. 친척집도 좋고, 가까운 산도 좋고요. 아니면 여러분이 살고 있는 동네라도 한 바퀴 돌아보세요. 걸으면서 여러분 자신과 깊은 대화를 나눠보세요. 이 세상에서 가장 좋은 친구는 바로 자기 자신이라고 말한 적이 있지요? 모든 친구들이 다 떠나가도 내 안의 친구만은 남아 있을 거라고요. 하지만 그런 소중한 친구도 자주 만나주지 않거나 소홀히 하면 떠나버릴 수도 있어요. 선생님도 걷는 것을 참 좋아하는데 그때마다 제 자신과 많은 대화를 나눠요. 내일 집에서 하루 종일 컴퓨터만 하지 말고 천변이라도 걸어보세요."

산길을 가거나 오래 길을 걷다보면 문득 생각나는 제자가 있다. 심리치료가 필요할 정도로 말이 없고 극도로 내성적인 아이였다. 이틀째 결석을 해서 집에 찾아가보니 제 방에 우두커니 앉아 있었다. 왜 결석했느냐고 물으니 방바닥만 뚫어져라 쳐다볼 뿐 아무 말이 없었다. 전혀 말을 하지 않는 아이와 함께 앉아 있는 것처럼 답답하고 힘든 일도 없다. 말을 해야 네 고민을 풀어주지 않겠느냐고 하면 저도 그런 자기 자신이 답답한지 제 가슴을 주먹으로 치거나 손으로 쥐어뜯기도 했다.

뭔가 도움이 필요한 아이인데 내가 해줄 수 있는 것이 아무것도 없었다. 전문가의 도움이 필요한데 그것도 담임 혼자의 힘만으로 될 일은 아니었다. 이렇다 할 해결책이 없다보니 결석일수가 위험수위까지 차올라 학교에서는 자퇴를 권유해보라는 말이 나왔다. 본인도 그것을 원했고, 부모들도 더이상 희망이 없다고 생각했는지 순순히 자퇴원에 도장을 찍어주었다.

자퇴원을 서랍에 넣어두고 나는 마지막으로 아이를 찾아갔다. 수업을 오전에 몰아서 하고 조퇴를 신청하여 학교를 빠져나왔던 것이다. 그날도 죄 없는 방바닥만 뚫어져라 쳐다보고 있는 아이에게 나는 이렇게 말했다.

"너도 마음이 답답하지? 우리 나가자. 난 걷는 것을 무척 좋아하거든. 오늘은 학교 생각 하지 말고 그냥 한없이 걸어보자. 아무 말도 하지 말고 그냥 걷기만 하자. 네 곁에 선생님이 있다는 생각도 하지 말고 아주 편한 마음으로. 어쩌면 이것이 너와의 마지막 시간이 될지도 모르잖아?"

그날 우리는 약 여섯 시간을 함께 걸었다. 산과 들, 방천길을 따라 걷다가 배가 고프면 마을 간이식당에 들어가 라면을 시켜 먹고 다시 걸었다. 서로 말이 없었고 들꽃을 꺾어 건네줄 때도 "받아" "예" 하고는 눈으로만 대화를 나누었다. 말없이 걷기만 하는 여정이 편하게 느껴졌는지 모처럼 녀석의 얼굴빛이 환해진 것도 같았다. 그러다가 밤이 이슥해졌고 우리는 드디어 헤어질 시간이 되었다. 이제 어떻게 해야 하나? 다시 선생으로 돌아와 고민에 빠져 있을 때, 그의 입이 벌어졌다.

"선생님, 고맙습니다. 안녕히 가세요."

그 말뿐이었지만, 나는 바다가 쩍 하고 갈라지는 모세의 기적이라도 본 기분이었다. 마음 같아서는 손이라도 붙잡고 꼭 학교에 나오겠다는 다짐이라도 받고 싶었지만 마음을 누르고 딱 한마디만 했다.

"네 자퇴원 아직 내 서랍 안에 있다."

다음 날 아이는 학교에 오지 않았다. 그다음 날도. 3일째 되는 날, 녀석은 학교에 나오더니 그후로는 아무 일도 없었던 아이처럼 학교생활에 잘 적응해나갔다. 나는 생각해보았다. 무엇이 녀석의 병을 고친 것일까? 그를 치유한 것은 혹시 길이 아니었을까? 길을 걸으면서 스스로 길을 찾지 않았을까? 누구보다도 자기 자신과 깊은 대화를 나누면서.

그런 성공(?) 사례가 있은 뒤로 나는 제자들과 함께 종종 길을 나섰다. 학교에 자퇴원을 내고 나오지 않는 아이들이 나의 길동무요, 도반이었다. 묵묵히 길을 걸으면서 대화는 눈으로만 했다. 대화를 하다보면 아이를 설득하게 되고, 그러다보면 그걸 위해서 길을 나선 꼴이 되기 때문이다. 나는 배우고 가르치는 교사와 학생 사이가 아닌, 그들의 길동무가 되어주는 것으로 족했다. 그들이 별로 나를 따라나서긴 했지만 어느 지점에선가 홀로일 수 있기를 바라면서.

가끔 함께 길을 걸었던 제자들을 거리에서 만날 때가 있다. 내게 안부전화를 걸어오는 아이도 있다. 무엇을 하고 사는지 궁금해서 물어보면 다들 나름대로 직장을 다니거나 자영업을 하면서 잘 살고 있는 듯했다. 학교에서 공부하고는 담을 쌓고 말썽이나 피우던 아이가 졸업하기 무섭게 의젓한 모습으로 사회생활을 잘하는 경우는 허다하다. 그런 제자들을 보면 학생들이 학교에 오래 머물수록 오히려 성장이 뒤처지는 것은 아닌지 조금은 불온(?)한 생각이 들기도 한다.

14

수업중에 학생이 비웃었다, 어찌 수습할까?

_느린 수업 이야기

7교시 마지막 영어 수업시간이었다. 급한 공문을 처리하고 오느라 조금 늦게 교실에 들어갔다. 일일이 눈을 맞추며 출석을 부르는 절차를 생략하고 곧바로 수업으로 들어갔다. 수업 주제 는 '슬로 무브먼트Slow Movement(느림의 운동)'였다. 수업을 막 시 작하려는데 뒤에서 주희가 거울을 보고 있었다. 나는 동작을 잠 깐 멈추고 그 아이를 처다보았다. 한참 어색한 침묵이 흐른 뒤 에야 아이는 눈치를 채고 거울을 내려놓았는데 내가 눈을 돌리 자 다시 거울을 집어들었다.

"나와!"

보통의 경우는 그렇게 말해놓고 아이가 나오려고 자리에서 일어서면 다시 앉히곤 했다. 그리고 자리에 앉은 아이에게 이런 식으로 말하면 될 일이었다.

"앉으면서 반성했지?"

그런데 이번에는 내 뜻대로 되지 않았다. 아이의 입에서 나온 이 말 때문이었다.

"짜증나!"

나는 올 것이 왔구나 싶었다. 조금 늦은 감도 있었다. 벌써 4월인데 아이들과 아무런 문제 없이 희희낙락하며 잘 지내는 것이 좋긴 하면서도 어딘지 현실감이 들지 않았던 것이다. 지금까지는 적어도 일주일에 한 건씩은 일이 터져주어 교단일기를 쓰는 데도 도움이 됐는데, 너무 심심할 정도로 일이 잘 풀린다 싶던 터였다.

"너 지금 짜증났다고 했어?"

"……"

"너 거울을 보고 있어서 선생님이 1차 지적을 했지?"

"언제요?"

"언제라니? 네가 거울을 보고 있으니까 선생님이 널 한참 바라봤잖아."

"잘 모르겠는데요."

"잘 모르다니? 네가 방금 전에 한 행동을 모른다는 것이 말이 돼?"

"눈이 아파서 거울을 좀 봤어요. 그게 잘못이에요?"

"거울을 보는 것이 큰 잘못은 아니지만 선생님이 지적할 수는 있잖아. 네가 선생님이라면 수업시간에 거울 보는 학생을 가만두겠어? 어떻게 생각해?"

"뭘 어떻게 생각해요?"

"선생님 지금 많이 놀라고 있어. 너하고 이런 대화를 하게 될 줄은 꿈에도 몰랐어. 내가 널 한 번이라도 무시한 적 있었어? 그동안 내가 널 어떻게 대했는지 네가 잘 알잖아. 어떻게 선생님한테 이럴 수 있어?"

"제가 어쨌는데요?"

여기까지 대화를 하다가 나는 눈앞이 캄캄해졌다. "제가 어쨌는데요?" 그 당돌한 반문 때문이 아니었다. "내가 널 어떻게 대했는지 네가 잘 알잖아" 이 대목에서 아이가 피식 웃어버린 것이다. 나는 쥐구멍이라도 있으면 들어가고 싶은 심정이었지만, 다른 한편으로는 도무지 이 상황이 이해가 되지 않았다. 난 전의를 상실한 채 이렇게 비굴하게 말을 내뱉었다.

"난 너하고 대화를 하고 싶은 거야."

"대화는 무슨?"

확인 사살이라고나 할까? 나는 두 번 죽은 거나 다름이 없었다. 그런데도 나는 모든 것을 놓아버리고 싶지 않았다. 그것은 어떤 믿음 때문이었다. 지금 내 눈앞에서 벌어지는 상황이 곧 수습되리라는. 한 아이의 행동이 그 아이의 본성에서 나오기보다는 어떤 상황 속에서 만들어질 수도 있다는. 결국은 아무것도 아닌 것일 수도 있다는. 하지만 그런 내 생각과는 상관없이 주희는 여전히 입가에 웃음을 띠고 있었다.

"너 지금 나 비웃고 있는 거야?"

"아닌데요."

"그런데 왜 웃는 거야?"

"웃음이 나오는 걸 어떡해요?"

갈수록 태산이었다. 그렇다면 방법은 하나밖에 없었다. 지금 이 상황을 잠깐 멈추는 것. 물론 그것이 쉬운 일은 아니다. 나는 주희를 자리에 돌려보내고 수업을 계속 진행했다. 칠판에 단어 카드를 배열하고 퀴즈를 내준 뒤에 주희를 밖으로 불러냈다. 아이가 나오자 이렇게 입을 열었다.

"난 널 잘 몰라. 그래서 솔직히 지금 어떻게 해야 할지 잘 모르겠어. 그동안 내가 알고 있던 너는 영어 실력이 좀 있고, 수업 태도가 썩 좋지는 않지만 그래도 선생님이 지적해주면 잘하려고 노력하고, 공부하는 습관이 잘 잡히기만 하면 대학에 가서는 더 열심히 공부할 수 있을 것 같은 그런 학구열이 있는 아이로 생각하고 있었어. 오늘 이런 일이 있으리라고는 상상도 못 했어. 네 얘기를 좀 듣고 싶다. 내가 너에게 무슨 잘못을 한 거니?"

"……"

"혹시 거울 좀 봤다고 너무 심하게 너를 나무라서 그랬던 거야? 네가 무슨 큰 죄라도 지은 것처럼 쳐다봐서? 아니면 너 오늘 기분 나쁜 일이 있었던 거야?"

"……"

"그냥 오늘 일은 없었던 일로 할까? 우리 풀어야 하잖아. 이대로 널 내일 볼 수는 없잖아. 그럴까? 오늘 일은 없었던 일로 할까?"

"……"

주희는 여전히 말이 없었지만 뭔가 말을 하려고 했다. 말을 만들지 못해 힘들어하는 표정이 역력했다. 아니, 그것은 나의 착각일 수도 있다. 나는 솔직히 무엇을 안다고 할 만한 것이 아무것도 없었다. 다만 이런 생각만은 분명했다. 내가 아이에게 비웃음을 받을 만한 일을 한 일이 없다는 것. 그러므로 지금 내가 아무것도 모른다고 섣불리 나의 잘못으로 모든 것을 뒤집어쓸 필요도 없다는 것. 나는 아이를 데리고 교실로 들어가 남은 수업을 계속하다가 학생들에게 이런 질문을 던졌다.

"오늘의 주제가 느림의 운동인데 왜 느림의 운동을 하려는 거지요? 빠른 것이 편하고 좋은데 왜 느림의 도시, 느림의 음식, 느림의 책 이런 말을 하는 거지요? 왜 때로는 늦어야 좋은 거지요?"

그때 누군가의 눈과 내 눈이 마주쳤다. 놀랍게도 그 눈의 주인공은 바로 주희였다. 그 아이는 느림의 운동에 대해서 뭔가 할 말이 있는 것 같았다. 하지만 말을 만들기가 어려운지 고개를 가로저으며 씩 웃는 것이었다. 그 웃음은 조금 전에 나에게 보여준 웃음과 다르지 않았다. 나는 그때야 아이가 나를 비웃지 않았다는 것을 알 수 있었다. 나는 느림의 운동의 취지를 설명해준 뒤에 수업을 이렇게 마무리했다.

"조금 전에 주희와 약간의 트러블이 있었는데, 오늘 배운 트러블이란 단어가 바로 이럴 때 쓸 수 있는 말이에요. 솔직히 선생님은 화가 많이 났지만 오늘 수업 주제처럼 'slow up, speed down(느긋하게 천천히)' 하기로 했어요. 빨리 하다보면 진실이 훼손될 수 있다고 했지요? 반대로 천천히 하다보면 그 진실이 되살아날 수 있고요. 그리고 오늘 일은 선생님에게도 잘못이 있어요. 수업을 급하게 하다보니 마음의 여유를 갖지 못했어요. 하지만 주희 잘못도 커요. 언젠가는 선생님에게 사과를 해야 할 거예요. 마음 느긋하게 먹고 기다릴게요. 선생님의 성격이 유순하지만은 않아요. 오히려 급한 면도 있어요. 저도 그것을 고치려고 노력하고 있어요. 오늘도 쉬운 일은 아니었는데 주희에 대한 믿음이 있어서 잘 이겨낸 것 같아요. 지금 주희 표정 보니까 그렇게 하길 잘했다는 생각이 들어요. 수업 끝."

　그후 주희는 나에게 사과하지 않았다. 그의 기억 속에 아예 그 사건이 존재하지 않는 것도 같았다. 달라진 것이 있다면 나를 바라보는 눈빛이었다. 눈빛이 전보다 더욱 당차고 해맑아 보였다. 수업을 끝내고 교실을 나오자 기분 좋은 산책을 하고 난 뒤 같았다.

15

선생님의 스킨십이 부담스러웠어요!

평소 고분고분하게 말을 잘 듣던 아이가 어딘지 모르게 어긋난 행동을 한다 싶으면 한번 다가가서 이렇게 물어볼 일이다.

"혹시 선생님이 네게 무슨 잘못을 한 거냐?"

이런 경우 십중팔구는 "아니요"라고 퉁명스럽게 대답하기 마련이지만, 그렇다고 그냥 넘어가서는 안 된다. 이렇게 다시 말을 걸어볼 필요가 있다.

"넌 평소 그런 아이가 아니잖아. 선생님하고 사이도 참 좋았고. 아무래도 선생님이 너에게 무슨 잘못을 한 것 같은데 말해

봐. 내가 잘못한 것이 있으면 고칠 테니까. 어서."

이쯤 되면 아이도 숨을 한번 크게 들이켜고 말을 토하기 마련이다. 대개는 그 내용이 알밤이라도 한 대 쥐어박고 싶을 만큼 사소한 오해에서 비롯된 경우가 많다. 그래도 일단 나로서는 안도의 숨을 내쉬게 된다. 그리고 이런 경우는 종합적인 사고를 하기 어려운 청소년기에 있는 아이들에게 흔히 나타나는 현상이어서, 조금만 인내심을 갖고 차분히 설명해주면 쉽게 문제가 해결된다.

그날도 나는 그런 방식으로 영지에게 다가가고자 했다. 교사에게 해서는 안 될 버릇없는 행동을 해놓고 반성의 기미조차 보이지 않는 아이에게 나는 버럭 화를 냈다가, 한순간 아차 싶었던 것이다. 필시 무슨 이유가 있지 않고서는 저렇게 막무가내로 나올 수 없다는 생각이 들었던 것이다. 그런데 그 아이의 입에서 나온 말이 나에게는 가히 충격적이었다.

"그럼 말씀드릴게요. 처음에는 선생님이 아빠처럼 좋았어요. 선생님이 사랑이 많으신 것도 잘 알아요. 하지만…… 선생님의 스킨십이 부담스러웠어요."

처음에는 내 귀를 의심했고, 다음에는 그 아이의 심리 상태를 의심했다. 그도 그럴 것이 반 아이들 중에서 누구보다도 나를 살갑게 대하던 아이였고, 가끔은 그 정도가 심하여 내가 녀석의 담임인지 아빠인지, 혹은 친구인지 모를 정도였으니까. 숫제 말을 놓아버리는 경우도 있어서 나에게 꾸지람을 듣기도 했다. 그러다가 무언가 심사가 틀어져서 그런 터무니없는 말을 하는 것이 아닐까 싶었던 것이다. 잠시 침묵이 흐른 뒤 나는 이렇게 입을 열었다.

"솔직히 좀 당황스럽기도 하고 섭섭하기도 하고 그런다. 하지만 네가 그렇게 느꼈다면 앞으로 절대 그런 일은 없을 거야. 그런데 혹시 선생님이 어떤 감정을 가지고 너에게 그랬다고 생각하고 있는 것은 아니니?"

"……."

"그런가보구나."

"그건 아니에요."

"그럼 됐다. 다른 것은 없니? 금방 말한 그것 말고 선생님이 고쳐야 할 것이 있으면 말해봐."

"없어요."

"그래. 다행이다."

그날 그렇게 아이를 보내놓고 나는 오후 내내 일이 손에 잡히지 않았다. 곰곰이 생각할수록 화가 나기도 하고 뭔가 손해를 본 느낌도 없지 않았지만, 아이를 그렇게 돌려보낸 것은 잘한 일이라는 생각이 들었다. 이번 기회에 아이들과 거리를 좀 두고 싶은 마음도 없지 않았다. '사랑을 받지 못하면 네 손해지 내 손해냐?' 하는 식의 옹졸한 앙갚음의 심정도 조금은 있었다. 그

덕에 다음 날 아침 기도시간이 조금 더 길어지긴 했지만.

며칠 뒤 복도에서 우연히 영지를 보고 나는 주춤했다. 내심 놀랐던 것은 영지를 보자마자 내 손이 먼저 나가려 했다는 사실이다. 그 손으로 아이의 손을 잡았을지 머리를 쓰다듬었을지 혹은 가볍게 아이의 어깨를 어루만졌을지 모르는 상황이었다. 그 것을 아이가 싫어한다는 사실을 몰랐다면 말이다. 한순간 내 머릿속으로 이런 생각이 스쳐 지나갔다.

'아, 내가 아이들에게 스킨십을 많이 하는 편이구나.'

그런 깨달음이 오자 그날 영지에게 사과하기를 잘했다는 생각이 들었다. 물론 교사의 스킨십은 제자에 대한 순수한 애정표현일 수 있다. 하지만 그것은 어디까지나 교사 입장에서 그렇다는 말이고, 그것을 싫어하는 아이의 처지에서는 괴로운 일일 수도 있다. 그날 이후 나는 영지뿐 아니라 다른 아이들에게도 스킨십을 의식적으로 자제하게 되었다.

그렇게 며칠을 보내는 동안 내 마음이 예전처럼 편하지 않았다. 조금은 슬프고 우울한 기분으로 하루하루를 보냈다. 20년 넘게 교직에 있으면서 어느새 몸에 배어버린 애정표현을 자제한다는 것이 쉽지 않았던 것이다. 학생들을 장악하거나 관리할 만한 독특한 비법을 가진 유능한 담임도 아닌 터에 내가 아이들에게 해줄 수 있는 것은 뜨겁게(?) 사랑을 표현하는 것뿐이었으니, 그럴 법도 하다.

또 며칠이 흘렀다. 수업시간에 아이들이 지나치게 떠든다 싶어 잠시 책을 덮고 손뼉을 쳐서 조용히 해줄 것을 당부했는데도 여전히 소음이 가시지 않았다. 몇 번 더 큰 소리로 부탁해도 막무가내였다. 인격적으로 아이들을 대하다보면 이런 수모를 당하는 경우가 종종 있다. 그렇다고 비인격적으로 아이들을 대할 수는 없는 노릇이다. 비인격적인 방법으로 인격적인 아이를 길러낼 수는 없기 때문이다. 그러다보니 아무리 더디고 바보스럽게 보여도 교사로서 내가 선택할 길은 하나뿐이었다.

"여러분, 떠드는 것도 좋아요. 하루 종일 딱딱한 의자에 앉아서 듣기만을 강요당하는 것이 얼마나 힘든 줄 선생님도 알아요. 그런데 선생님이 지금 중요한 것을 말하려고 하는데 이렇게 떠들면 여러분이 그것을 들을 수가 없잖아요. 그러면 여러분이 오늘 학교에 온 아무런 보람이 없잖아요."

이 정도로 말해서 떠드는 것을 그만둘 아이들이라면 얼마나 좋을까? 어느 때는 울분이 복받친 목소리로 호소해도 내 눈치를 살피며 옆 아이와 소곤거리는 아이들도 있다. 개인적으로는 착하고 나와 사이가 좋은 아이들도 그런 것을 보면 여간해서는 매를 들지 않는 교사가 만만해 보이는 것은 어쩔 수 없는 모양이다. 그런 와중이었다. 누군가 큰 소리로 이렇게 말했다.

"선생님이 조용히 하라고 하시잖아. 너희들 선생님 힘드시게 왜 그래?"

영지였다. 우리 반에서 영지는 공부를 열심히 하는 축에 끼는 아이는 아니다. 그래서 영지의 말 한마디가 눈물이 핑 돌 정도로 더욱 고마웠다. 그후로도 영지는 가끔씩 나를 감동시키곤 했다. 한번은 산에 가기 싫어하는 아이들을 꼬드기기 위해 그날 점심을 내가 사겠다고 했더니 아이들에겐지 나에겐지 버럭 화를 내면서 그렇게 하지 못하도록 한 적도 있다.

요즘은 영지를 만나도 손이 먼저 나가는 버릇은 없어졌다. 영지 덕분에 다른 아이들과도 한 발짝 정도 거리를 두고 대화를 나누는 데 많이 익숙해졌다. 그렇다고 친밀한 감정을 감추거나 표현하지 않는 것은 아니다. 다만 신체적 접촉을 줄이고 손이 하던 일을 눈빛으로 대신한다.

그러다보니 그동안 어리고 귀엽게만 여겨지던 아이들이 하나의 어엿한 인격체로 다가오는 것을 실감하기도 한다. 그것이 보다 진전된 사랑의 방법이 아닌가 싶다. 영지가 나에게 준 고마운 선물인 셈이다. 영지의 생일날, 나는 아이들 앞에서 이런 얘기를 스스럼없이 털어놓았다. 이야기를 듣고 있는 영지의 표정도 아이들의 표정도 모두 밝아 보였다. 반 아이들 앞에서 영지의 생일 시를 읽어주는 동안 나는 오랜만에 영지의 손을 꼭 잡고 있었다.

사랑

사랑은 무엇일까?
예쁘다고 안아주고 쓰다듬어주고
와락 손을 잡아주는 것이 사랑일까?

그것은 사랑이 아니라고
사랑은 뜨겁고 간절할수록
한 걸음 물러서는 것이라고
물러서서 지켜보는 것이라고

내 사랑 안에
너를 가두는 것이 아니라
사랑으로 너를
주인 되게 하는 것이라고
넌 내게 말해주었지.

내가? 언제?
넌 동그란 눈을 뜨고

내게 물으려 하겠지만
넌, 너도 모르는 사이에
나의 스승이 되고 말았단다.

한때는 미애랑 동천에 나가
땀 흘리며 에어로빅을 하기도 했던
그 강변 둑길에 핀
청순한 코스모스를 닮은 너를
이제는 먼발치에서 사랑하는 법을 알게 되었지.

꿈이 없다고 했다가
초등학교 3학년 때부터 품어온
간호사의 꿈을 기억해내어
다시금 도전해보고 싶다고 했지?

곁에서 지켜보마.
뜨겁고 간절할수록 한 걸음 물러서서.

16

남자친구와 진도
너무 빨리 나가지 마!

"선생님, 저…… 이번 한 번만……"

"안 된다고 했잖아."

"선생님 이번……"

"안 된다니까 그러네. 그럴 수 없어!"

"이번 한 번만……"

"허허. 선생님이 해줄 수 있는 것이 있고 해줄 수 없는 일이
있어. 절대 안 돼!"

그렇다. 그것은 절대로 안 될 일이었다. 남자친구와 찜질

방에서 하룻밤을 보낼 수 있도록 제 엄마한테 거짓말을 해달라니! 내가 아무리 개방적이고 포용력이 있다고 해도 교사로서 할 수 있는 일이 있고 할 수 없는 일이 있는 것이다.

하지만 그 '절대'라는 선은 절대적으로 허물어질 공산이 크다. 나처럼 마음이 모질지 못한 사람은 더욱. 어쩌면 그래서 더욱더 모질게 마음을 다져먹고 있는지도 모를 일이다. 안 돼! 절대 안 돼!

정말 안 되는 일이었지만 되는 쪽으로 잠깐 마음이 기울기도 하는 것은 녀석이 남자친구와 단둘이 밤을 새우지는 않는다는 사실 때문이었다. 그럼 누구와? 바로 남자친구의 가족이었다. 그러니까 녀석은 일찌감치 남자친구의 가족과 안면을 트고 지내는 사이가 된 모양인데, 문제는 남자친구가 사귄 지 200여 일 만에 군대를 가게 된 것이다. 처음 그 말을 들었을 때는 얼른 이해가 가지 않아 대뜸 이렇게 물었다.

"군대라니? 남자친구가 몇 살인데 군대를 가?"

"저하고 두 살 차이밖에 안 나요. 제가 열여덟, 오빠가 스물."

말을 듣고 보니 그럴 만도 했다. 하긴 춘향이가 이몽룡을 인생의 반려자로 받아들인 나이가 이팔청춘 열여섯 아니었던가. 어쨌거나 그것은 참 귀찮은 일이었다. 오전 내내 쉬는 시간만 되면 화장실도 못 가게 붙잡아놓고 달달 볶던 아이가 오후에는 친구를 셋씩이나 동원하여 다시 교무실로 찾아왔다. 한 아이가 먼저 말을 꺼냈다.

"선생님, 보내줘요. 오빠 가족들도 함께 있는데 무슨 걱정이에요?"

"그렇다고 어떻게 거짓말을 해. 그런 일로 거짓말을 할 수는 없어."

"사랑하는 제자를 위해서 한 번쯤 거짓말을 할 수도 있잖아요."

요즘 아이들은 참 맹랑하다. 다른 곳도 아닌 교무실에 와서, 다른 일도 아닌 남자친구와 외박하는 일로 거짓말을 해달라고 당당하게 부탁하다니! 거기에 친구들까지 가세하여 숫제 협박이 아닌가. 하지만 내 대응도 만만치는 않았다.

"난 십 년 전부터 무슨 일이 있어도 거짓말을 안 하기로 약속했어. 내 스스로하고, 그리고 선생님 아내하고도. 그 약속을 깰 수 없어!"

정말이었다. 10년 이쪽저쪽일 거다. 내가 거짓말하지 않기로 약속하고, 또 그 약속을 거의 한 번도 어기지 않은 것은. 속옷 바람으로 거실로 나와 습관적으로 아침기도를 하다가 문득 결심했던 것이다. 거짓말을 하지 말자. 특히 나와 가장 가까이 지내는 아내에게 거짓말하지 말자. 어떤 손해를 보는 일이 생긴다고 해도 절대로 거짓말하지 말자.

아침 기도시간에 문득 이런 결심을 하게 된 것은 그만큼 내가 도덕적인 사람이어서가 아니라 사실은 그 반대의 이유 때문이었다. 현실적으로 별 도움이 안 되는 일로도 습관적으로 거짓말을 해왔다는 사실 앞에 갑자기 기도의 말문이 막혀버린 것이었다. 다시 돌아갈 수 있는 인생도 아닌데, 이 한 번뿐인 삶에서 아내에게 한 일이 내 작은 이익을 위해 거짓말을 한 것뿐이라면 씻을 수 없는 후회를 남길 것만 같았다.

아내를 만난 것은 스물한 살, 그해 가을이었다. 그 이듬해 봄이 되자 나는 군대에 갔다. 입대 후 아직 계급장도 받지 않은 훈련병 신세로 연병장에서 풀을 뽑다가 나는 아내(당시는 애인)가 참으로 보고 싶어 그만 펑펑 울고 말았다. 그 광경을 목격한 훈련조교가 나에게 다가와서는 우는 이유를 물었다. 허튼 한마디 말에 '귀때기'가 날아갈 판인데도 나는 울음을 멈출 수가 없었다. 정말 아내가 보고 싶었던 것이다. 그날 나는 목구멍에서 쉰내가 나도록 완전군장 차림으로 연병장을 돌고 난 뒤에야 겨우 안정을 되찾았다. 사랑의 열병에서 간신히 빠져나온 것이었다.

보고 싶다는 것. 사람이 사람을 보고 싶어한다는 것. 세상에 그것만큼 애절한 것이 또 있을까? 벌써 30년의 세월이 흘렀지만 그 막막했던 보고픔의 기억은 지금도 어제 일처럼 생생하기만 하다. 그렇지만 않았어도 그 한 토막의 생생한 기억만 없었어도 나는 절대로 녀석의 엄마에게 이런 식으로 거짓말하지는 않았을 것이다.

"그러니까 내일 저랑 아이들끼리 산에 갔다가요. 내려와서는 다 같이 찜질방에 가기로 했거든요. 아이들과 좋은 추억도 만들고 유익한 대화도 많이 나누겠습니다."

전화를 끊고 나자 일을 저질렀다는 생각이 불쑥 들면서 나도 모르게 내 입에서 이런 말이 튀어나왔다.

"나 선생 맞아?"

여학생 담임을 하다보면 남자친구를 사귀는 아이들에게 어떤 말을 해줄 것인지 고민할 때가 있다. 지금은 공부에만 신경 쓰고 남자친구는 대학에 가서 사귀어도 늦지 않다고 말해줄까? 하지만 나는 그런 말을 해본 기억이 없다. 그렇게 말한들 아무 소용이 없기 때문이다. 오히려 불난 가슴에 부채질하는 꼴이 될 수도 있다. 그럼 어떻게 할 것인가? 아니, 어떻게 하다니? 그들 자신의 일인데.

그날 청소시간에 녀석을 만났다. 그렇게 보아서 그랬는지 녀석의 눈가가 젖어 있었다. 안쓰러운 생각도 들고 해서 한번 안아주고 싶었지만 생각만 하다 말았다. 대신 꿀밤을 좀 센 것으로 한 대 먹여주었다. 아픈 듯 미간을 찡그리고 나를 바라보는 아이에게 나는 이렇게 말했다.

"엄마와 통화했다. 허락하셨어. 그렇다고 남자친구와 진도 너무 빨리 나가지는 말고, 알았지?"

그후 몇 주가 지났다. 모둠별로 가기로 한 산을 비 때문에 가지 못하고, 대신 저녁을 함께 먹고 2차로 노래방에 가기로 했는데 한 아이가 불쑥 이런 제안을 했다.

"선생님, 우리 남자친구 데려와도 돼요?"

이런 경우 내 대답은 들어보나 마나.

"당근이지."

그런데 그렇게 말해놓고는 마음에 걸리는 것이 있었다.

"야, 그럼 ○○가 너무 슬프잖아. 군대에 있는 남자친구를 데려올 수도 없고."

한 가지 수가 있긴 했다. 내가 대신 파트너가 되어주는 것. 하지만 그것은 어디까지나 늙은 선생의 희망사항일 뿐이다. 아니나 다를까? 녀석의 말이 당차고 맵기까지 했다.

"오빠가 군대에서 고생하고 있는데 제가 담임선생님하고 바람피우면 안 되죠."

녀석에게 한 방 먹은 셈인데 기분이 과히 나쁘지는 않았다. 오히려 나는 모처럼 기분 좋은 저녁시간을 보내고 노래방에서 조금 일찍 일어났다. 화려한 조명이 난무하는 좁은 공간에 세 명의 여학생과 그들이 초대한 두 명의 남학생을 남겨둔 채.

내가 나가려 하자 평소에는 친구처럼 나를 헐겁게 대하던 아이들이 새삼스럽게 선생 취급을 하는지 음악을 끄고 깍듯이 인사했다. 뭐랄까? 전적인 신뢰와 사랑을 받은 사람만이 보여줄 수 있는 당당하고 성숙한 눈빛을 보내면서.

17

개 때문에 수업에
안 들어온 아이들

어느 날 수업을 마치고 교무실로 들어서는데 한 후배교사가 몹시 화가 난 얼굴로 출석부를 보여주며 이렇게 말했다.

"애들이 세 명이나 수업에 안 들어왔어요. 두 명은 늦게라도 들어와서 정정해주려고 하는데 나머지는 그냥 무단결과 처리하겠습니다."

출석부에 표시된 이름을 살펴보니 수업을 빼먹을 만한 아이들이 아니었다.

"이상하네. 그럴 녀석들이 아닌데. 두 명은 왜 늦게 들어왔다고 하던가?"

"개를 찾으러 산에 갔었다고 하는데 무슨 말인지 모르겠네요."

아주 드문 일이긴 하지만 학교에 애완견을 데려오는 아이들이 있다. 하지만 아이들 말을 들어보니 그건 아닌 듯싶었다. 아이들을 찾으러 밖으로 나왔다가 마침 한 아이가 눈에 띄어 자초지종을 물어보니 이런 대답이 돌아왔다.

"개가 새끼를 밴 것 같아요. 양수가 터졌는지 물을 뚝뚝 흘리고 다녀요. 그런데 남자애들이 침을 뱉고 발로 차고 그랬어요."

"개라니? 집에서 개를 데려온 거야?"

"아니요. 모르는 개예요. 그런데 개가 곧 죽을 것만 같아서 그냥 두고 갈 수가 없었어요. 뱃속에 새끼들도 있잖아요."

"그렇다고 수업을 빼먹으면 어떡해?"

"수업보다도 생명이 더 중요하잖아요. 선생님도 생명의 중요성을 늘 강조하셨잖아요."

"그럼 나한테 연락을 했어야지. 두 사람은 지키고 한 사람은 나한테 오면 되잖아."

"잘못했어요. 근데요. 정말 개가 불쌍해서 그랬어요."

나는 일단 마음이 놓였다. 아이의 표정으로 보아 개를 핑계로 수업을 빼먹은 것 같지도 않았지만 혹시라도 셋 중 한 녀석쯤 그런 잔꾀를 썼다고 해도 크게 나무라고 싶지가 않았다. 아니,

오히려 아이들이 그렇게 예뻐 보일 수가 없었다. 아이들의 입에서 생명이란 단어가 두 번씩이나 발음되다니!

사실 내가 아이들에게 생명의 중요성을 강조한 것은 동물이나 미물만을 염두에 두고 한 말은 아니었다. 오히려 인간의 생명, 그중에서도 아이들 자신의 생명을 스스로 사랑하기를 바라는 마음에서 해준 말이었다. 생명은 동일하다는 것. 얼굴이 예쁘거나 공부를 잘하거나 가정환경이 좋거나 인간 됨됨이가 훌륭하거나 그런 것과는 상관없이 생명은 다 똑같다는 것. 그러니 다른 사람에 비해서 신체적인 조건이나 가정환경, 자신의 현재 모습이 초라하다고 해서 기죽지 말라는 것. 그보다는 열심히 자기를 가꾸고 사랑하라는 것. 그런 말을 해주고 싶었던 것이다. 무엇이든 한 줄로 세워 등수를 매기고 우열을 가려야 직성이 풀리는 우리 사회의 천박함에 대해 분노하기도 하면서.

나는 아이를 데리고 개가 있는 곳으로 가보았다. 개는 다리를 저는 것은 아니었지만 그런 느낌이 들 만큼 지쳐 보였다. 외관상 임신 여부를 판단할 수는 없었지만 한눈에 보아도 젖은 많이 불어 있었다. 그런 몸으로 어쩌자고 높고 가파른 산자락에 자리한 우리 학교까지 올라온 것인지 그 사연이 자못 궁금했다.

잠시 후 수업종이 울려 나는 아이들을 교실로 올려 보냈다. 다행히 개가 어슬렁거리며 학교 뒤편 어딘가로 사라진 뒤였다. 아이들은 개를 그대로 두면 죽을지도 모른다고 어떤 조치를 해줄 것을 당부했지만 이미 눈앞에서 사라진 개를 어찌할 수 없었고, 나도 바쁜 업무 처리를 하기 위해 서둘러 교무실로 향했다.

눈앞에서 사라진 개가 다시 내 앞에 나타난 것은 사십여 분이 지난 뒤였다. 그렇지 않아도 개의 행방이 궁금해서 일을 마치기가 무섭게 행정실 직원과 함께 개를 찾고 있던 중이었다. 한데 놀랍게도 개는 2층 여학생 교실 복도를 어슬렁거리고 있었고, 수업이 끝나자 교실에서 막 나온 여학생들에게 둘러싸인 채 눈을 껌벅거리며 누워 있다가 이내 잠이 들었는지 미동조차 없었다.

학교에서 119에 전화를 한 것은 그로부터 오 분쯤 지난 뒤였다. 그런데 그 뒤로 약 삼십 분이 더 지났는데도 아무런 소식이 없자 한 아이가 교실에서 자신의 체육복을 가져와 바닥에 깔고 그 위에 개를 눕혔다. 다른 한 아이는 교실에서 두루마리 화장지를 가져와 개의 몸을 감싸주었다. 그런 과정에서 아이들이 개를 안기도 하고 쓰다듬기도 했는데, 혹시라도 아이들에게 나쁜 병균이 옮아붙지나 않을까 염려되어 주의를 주었지만 아무런 소용이 없었다. 그런 아이들의 헌신적인 행동에 비하면 내가 한 일은 참으로 보잘것없었다.

잠시 후 두 명의 남자가 학교에 나타났다. 그들은 119와 순천시청의 협조 요청을 받아 민간단체인 전남동부지역사회연구소 야생동물구조팀에서 온 믿을 만한 분들이었지만 아이들은 선뜻 믿으려 하지 않았다. 그들이 명함을 보여주며 자세히 설명해주자 그제야 안심을 한 듯 그들이 개의 상태를 살펴볼 수 있도록 자리를 비켜주었다. 일이 일단락된 듯하자, 먼저 후배교사를 찾아가 이렇게 말했다.

"애들이 잘못했더구먼. 그런데 새끼를 밴 개가 학교에 들어온 모양이야. 애들 말로는 양수가 터진 것 같다는데 그런 개를 그냥 두고 올 수가 없었나봐. 물론 수업을 빼먹은 건 잘못한 거지. 그래도 난 오늘 기분이 참 좋았네. 철이 하나도 없는 줄만 알았는데……"

그 말에 후배교사도 환히 웃으며 이렇게 말을 받았다.

"참 엉뚱한 녀석들이네요. 잘 알겠습니다. 아이들 제게 보내주십시오."

그날 종례시간이었다. 나는 35명의 예비 모성 앞에서 이렇게 말했다.

"오늘은 선생님이 여러분에게 한 수 배웠습니다. 여러분이 자랑스럽습니다. 개 때문에 수업에 들어오지 않은 것은 물론 잘못입니다. 다른 조치를 취할 수 있었으니까요. 하지만 그 작은 잘못은 생명을 사랑하고 실제로 그 사랑을 느끼고 행동으로 옮기기까지 한 것에 비하면 아무것도 아닙니다. 정말 여러분에게 한 수 잘 배웠습니다. 고맙습니다."

정말이었다. 병약한 한 마리 짐승 앞에 쪼그려 앉아 온전한 마음을 준 아이들을 통해 생명을 사랑한다는 것이 무엇인지 제대로 한 수 배운 기분이었다. 그런 어린 스승들을 몰라보고 생각 없는 아이들이라 단정하고 늘 혼내기만 한 것이 부끄럽게 느껴졌다. 배움의 길은 끝이 없나보다 싶었다.

18

제 이름은
알아서 뭐해요?

_교사에게 불손한 아이, 어떻게 할까

새 학기가 시작된 지 얼마 되지 않은 어느 영어 수업시간이었다. 그날도 여느 때와 같이 아이들의 이름으로 일일이 출석을 부르다가 한 아이와 이런 대화가 오고 갔다.

"김아무개."

"예."

"영어로 대답해야지. 다른 아이들도 다 영어로 대답했잖아."

"저 영어 모르는데요."

"그럼 따라서 해봐. 아이 해브 어 드림."

"그게 뭔데요?"

"나에게 꿈이 있어요, 라는 뜻이야."

"전 꿈이……"

아이는 꿈이 없다고 말하려다 말을 멈춘 것이 분명했다. 그날 아이는 결국 내가 시키는 대로 영어로 대답했고, 또한 내가 시키는 대로 칠판에 적힌 내용을 종이에 옮겨 적기도 했다. 공책이 없어서 급우의 공책을 한 장 찢어 쓰기는 했지만. 아이들이 공책 정리를 하는 동안 나는 그에게 다가가 이렇게 넌지시 물어보았다.

"너 조금 전에 꿈이 없다고 말하려다가 그만둔 거지?"

"예? 예."

"너 왜 그랬는지 그 이유를 내가 말해볼까?"

"예?"

"넌 아직 꿈이 없어. 그러니까 꿈이 없다고 말하는 것은 잘못이 아니지. 그런데도 넌 꿈이 없다고 말하려다가 그만둔 거야. 왜 그랬을까?"

"……?"

"꿈이 없는 것이 잘못은 아니지만 그렇다고 자랑할 만한 일도 아니지. 그런데 넌 꿈이 없다는 말을 아무렇지도 않게, 아니 무슨 자랑처럼 말하려고 했어. 그것은 어쩌면 너의 방어일 수도 있고 반항일 수도 있어. 난 본래 공부 안 해요, 난 꿈 같은 거 없어요, 하는 식으로 말이지. 근데 그런 식으로 말하려다보니 조금은 부끄러운 생각이 든 거지. 선생님이 널 아끼고 사랑한다는 거 뻔히 아는데 괜히 폼 잡고 반항하는 것도 그렇고 말이지. 넌 지금 발전하고 있는 거야. 넌 아니라고 말할지 모르지만. 난 네가 정말 멋진 꿈을 가졌으면 좋겠다."

불과 몇 주 전까지만 해도 그런 말을 그 아이에게 해줄 수 있으리라고는 상상조차 할 수 없었다. 그는 수업시간마다 책상에 엎드려 있기 일쑤였고, 그것을 나무라면 노골적으로 불쾌한 표정을 짓거나 위협에 가까운 불손한 태도를 보이기도 해서 동료 교사들의 입에 자주 오르내리곤 했기 때문이다. 한번은 나에게도 그런 태도를 보인 적이 있었다. 화가 나기보다는 마음이 불편하고 막무가내로 대드는 아이를 어떻게 할 것인지 막막한 심정이었다.

다음 날 나는 아이를 조용히 불러 그의 행동이 잘못되었음을 말해주었다. 그로 인해 마음이 많이 아팠노라고 내 속내를 털어놓기도 했다. 어떤 반응을 보일까 궁금했는데 다행히도 그는 내게 죄송하다는 말을 했다. 그날 이후로 수업시간에 나를 대하는 그의 태도가 사뭇 달라져 있었다. 책상에 엎드려 있다가도 이름을 부르면 자세를 바로 고치곤 했다. 이렇게 순한 구석이 있는 아이였나 싶을 정도였다.

그 무렵의 일이다. 수업시간에 또다른 작은 사건이 있었다.

사건의 주인공은 그의 짝꿍이었다. 그날따라 수업 분위기가 산만해서 조금 낯을 붉히고 큰소리로 혼을 내고 있는데 한 아이가 불쑥 무슨 질문을 했다. 그런데 그것이 내 귀에는 실없는 장난처럼 들렸고 아이에게 기합을 줄 요량으로 팔굽혀펴기 50회를 명했다. 아이는 순순히 기합을 받고 제자리로 돌아갔다.

그다음이 문제였다. 수업을 계속하다가 문득 그 아이에게 해줄 말이 생각나서 영어로 아이의 이름을 물었다. 그러자 그는 얼굴을 찡그리며 '재수 없게 웬 영어야?' 하는 식의 표정을 지어 보였다. 순간 화가 났지만 감정을 자제하고 조용히 우리말로 다시 아이의 이름을 물었다. 학기 초라 아직 이름을 외우지 못한 탓이었다. 그런데 잠시 후 무슨 괴성 같기도 한 알아듣기 어려운 응답이 날아왔다. 나중에 알고 보니 이런 말을 한 것이었다.

"제 이름은 알아서 뭐해요?"

어처구니가 없었지만 이번에도 꾹 참았다. 아니 참았다기보다는 무반응을 보였다는 말이 맞을 것이다. 그리고 무엇 때문에 아이가 화가 난 것인지 궁금하기도 했다.

"너 금방 기합받아서 화난 거야?"

"그래요. 전 기합받을 일 한 적 없거든요."

"너 선생님 한참 힘들게 말하고 있는데 엉뚱한 질문을 했잖아."

"엉뚱한 질문 아닌데요. 전 그냥 그게 궁금해서 질문을 한 거

버릇 없는 아이일까
내가 버릇없는 아이라 생각하는 걸까

란 말입니다."

"그래? 그렇다면 선생님이 잘못한 거네?"

"예."

"알았다. 너희들이 너무 떠들어서 화가 나 있다보니 네가 한 말을 잘못 들은 것 같은데 내가 사과할게. 정말 미안하다. 그런데 너도 좀 그렇다. 선생님도 인간인데 실수할 수 있잖아. 그리고 팔굽혀펴기는 운동 삼아 해볼 만도 한데 선생님에게 그렇게 화를 내고 그러냐?"

"죄송합니다."

"아니야, 내가 먼저 잘못한 거니까. 다시 한번 정식으로 사과할게. 이제는 네 이름을 물어봐도 되겠냐?"

"예. 이아무개입니다."

"맞아. 네 이름 알고 있었는데……"

그런 일이 있고 며칠 뒤 퇴근길에 그 아이를 만났다. 정문에서 누군가를 기다리고 있다가 나를 보더니 달려와 깍듯이 인사했다. 본래 이런 아이였나 싶을 정도로 태도가 매우 싹싹하고 단정해 보였다. 아이와 헤어져 집으로 돌아가는 길에 나도 모르게 이런 말이 입 밖으로 새어나왔다.

"참 쉽네. 녀석들 순진하긴."

교육은 최대의 낙관주의라는 말이 있다. 누군가를 가르친다는 것은 그가 교육을 통해 변할 수 있으리라는 낙관을 전

제하기 때문이다. 그런 점에서 한 아이에 대한 희망을 갖는
것은 교사로서 당연하고 마땅한 일이다.

19

가끔씩 버럭 화를 내도
미움은 없이

기말고사가 끝난 후 첫 수업시간이었다. 출석을 부르면서 살펴보니 책상에 책도, 공책도 내놓지 않은 아이들이 상당수 눈에 띄었다. 시험이 끝나면 공부도 끝난 것으로 생각하는 것이 요즘 대다수 학교의 풍속도이니 놀랄 일은 아니었다. 앞자리에 앉은 한 아이가 갑자기 코맹맹이 소리를 내며 나에게 불쑥 이렇게 말했다.

"선생님, 우리 영화 봐요."

"안 돼. 이 시간도 엄연한 수업시간이야. 그리고 오늘 교장선생님이 조회시간에 특별히 강조하셨어. 학기말시험 끝났다고 영화나 보고 그러지 말라고 말이야."

아이들을 설득하기가 버거울 때는 교장선생님을 팔면 일이 손쉬워진다. 아이들도 힘없는 평교사의 처지를 잘 알고 있을 테니까. 하긴 방학을 내일 당장 하는 것도 아니고 적어도 너덧 시간은 공부할 시간이 남았는데 그때까지 수업을 안 하고 적당히 넘길 수는 없는 노릇이다. 그렇다고 시험에 맞추어 진도를 다 끝낸 터라 교과서를 가지고 수업을 하기도 곤란하다.

이런 학기 말 자투리시간을 위한 사전 준비가 필요하다. 이때 영어 선생인 내가 가장 많이 애용하는 것은 팝송이다. 유명한 영화 대사를 모아 아이들에게 소개하는 것도 좋다. 가령 영화 〈러브 스토리〉나 〈스파이더맨〉의 다음과 같은 대사는 학생들의 흥미를 끌 만하다.

• Love means never having to say you're sorry.
  사랑이란 결코 미안하단 말을 해서는 안 되는 거예요.

• With great power comes great responsibility.
  큰 힘에는 큰 책임이 따른다.

이날도 나는 아이들에게 영화 대사를 몇 개 소개한 뒤 아바의 〈나에겐 꿈이 있어요I Have a Dream〉란 노래를 가르치며 수업을 하고 있었다. 먼저 노래를 두 번 들려주고는 노랫말을 번역해주었다. 노랫말은 본래 시다. 아니, 시가 본래 노랫말이었다고 해야 옳겠다. 어쨌거나 팝송을 가지고 수업을 하다보면 어느 대목에선가 나는 꼭 흥분을 하고 만다. 물론 내가 시를 좋아하기 때문이다.

When I know the time is right for me
I'll cross the stream, I have a dream.
날 위한 시간이 왔다는 걸 알았을 때
난 시냇물을 건너겠어, 난 꿈이 있으니까.

시는 비밀이다. 그 비밀을 풀 열쇠를 내가 쥐고 있는데 어찌 흥분이 되지 않겠는가. 물론 아이들은 나와 다르다. 표정을 보아하니 흥분은커녕 무색, 무취, 무표정이다. 그래도 상관없다. 나라도 흠뻑 감동해야 아이들에게도 그 감동의 열기가 전해질 게 아닌가.

"여러분이 너무 어리면 시냇물을 건널 수 없겠지요. 물살이 세면 물에 떠내려가기도 할 테니까요. 그래서 날 위한 시간, 그

자기의 강을 건너는 아이들에게
배웅이아닌 마중을 나갈수 있다면
참 좋으련만

러니까 시냇물이나 강을 건너기에 딱 알맞은 그런 시기가 되면 비로소 물살을 헤치고 강을 건너겠다고 말하는 거예요. 강을 건너야 내 꿈을 이룰 수 있으니까요. 강을 건너는 그 자체가 꿈을 이루는 과정일 수도 있고요."

여기까지 말하고 아이들의 눈빛을 살펴보니 아직 감동이 전염되고 있는 것 같지 않았다. 그중 한 아이에게 다가가 이렇게 조용히 물었다. 얼마 전에 나랑 한바탕 전쟁(?)을 치른 아이였다.

"네 꿈이 뭐야?"

"연기자가 되는 거요."

"그럼 강을 건너야겠네?"

"예?"

"지금 네 모습으로는 곤란하잖아. 넌 외모는 갖추어졌을지 모르지만 마음은 아직 아니잖아. 훌륭한 연기자가 되려면 얼마나 많이 인내해야 하는데. 자기 기분대로 말을 함부로 해서도 안 되고. 남이 해주는 말을 고맙게 새길 줄도 알아야 하고. 그것이 너에게 많이 부족하다는 것 알고 있지?"

"예."

아이가 순순히 "예"라고 대답한 것에는 그럴 만한 이유가 있었다. 이제 그 이야기를 할 차례인데 마음이 내키지 않는다. 모든 이야기에는 한 사람의 안타고니스트(상대 악역)가 필요하기 때문이다. 하지만 이제 악역은 없다. 아이가 변했으니까.

그날도 나는 여느 때처럼 아이들과 일일이 눈을 맞추며 이름으로 출석을 부르고 있었다. 그 아이 차례가 되어 이름을 불렀는데 대답이 없었다. 사실 아이는 대답했는데 내가 못 들은 것이었다. 한 번 더 이름을 부르자 아이는 버럭 화를 내며 나를 뚫어질 듯이 노려보았다. 너무도 어이가 없었다.

전에도 그렇게 나에게 버릇없이 군 일이 몇 번 있었다. 그때마다 아직 어린 탓이려니 하고 좋은 말로 타이르기도 하고, 한번인가는 눈물이 핑 돌도록 혼을 내준 적이 있었다. 그런 일만 아니라면 나와는 썩 사이가 좋은 아이였다. 어쩌면 그런 친밀감이 버릇없는 행동을 하도록 유인했을지도 모를 일이다.

나는 무척 화가 나 있었지만 아이에게 사과할 기회를 주고 싶었다. 하지만 아이는 끝내 그 기회를 저버렸다. 오히려 적반하장 격으로 나를 죽일 듯이 노려보았다. 나는 격분했다. 입에서는 침이 튀어나왔고 말을 더듬기까지 했다. 한 아이에게 그렇게 무섭게 화를 낸 것은 근래 드문 일이었다. 실낱같은 이성이 남아 있어서 상황을 멈추어야 한다고 생각은 하면서도 격한 감정의 포로가 된 뒤여서 이성의 명령을 따르기 어려웠다.

다행히도 그런 와중에 내가 아이에게 하지 않은 세 가지 행동이 있었다. 욕을 하지 않았고, 손찌검을 하지 않았고, 그리고 아이를 미워하지 않았다. 이미 감정의 고삐를 놓아버린 내가, 그런 나의 말꼬리를 잡고 늘어지는 아이와 격렬한 입씨름을 벌이면서 내 마음속에서 아이에 대한 미움을 밀어내는 일이 어떻게 가능했을까?

그것은 위기 때마다 나에게 도움을 주는 두 가지 생각 때문이었다. 하나는 아이의 잘못된 행동이 그 아이에게서 비롯된 것이 아닐 수 있다는 것. 그리고 미움은 누구에게도 도움이 되지 않는다는 것. 그런 생각을 오랫동안 마음에 새기다보면 아이에 대한 미움을 비켜갈 수도 있다. 그렇다면 아이에게 화를 발한 것에 대해서는 어떻게 설명할까. 화를 낸 그 순간 아이에 대한 미움이 없었다고 어떻게 장담할 수 있을까.

증거가 있긴 있다. 아이가 내 말에 "예"라고 곱게 화답해준 것, 바로 그것이다. 만약 내가 침을 튀기며 퍼부은 불같은 언어에 미움의 비수까지 꽂혀 있었다면 불가능한 일이었으리라. 그러니 잠시 이성을 잃었던 그 순간에도 어떤 습성처럼 아이를 미워하지 않은 것은 얼마나 다행한 일인가. 그 아이를 위해서나 나를 위해서나.

어쩌면 그날 아이는 세찬 물살을 가르며 험한 강을 건너고 있었는지도 모른다. 그리고 그가 기꺼이 강을 건너려고 한 것은 그에게 연기자가 되고 싶은 당찬 꿈이 있었기 때문일지도 모른다. 녀석이 그런 생각을 했다면 기특한 일이고, 아직은 그런 생각까지는 미치지 못했다면 조금만 더 기다려주면 된다. 가끔씩 버럭 화를 내더라도 미움은 없이.

20

밥보다도 진실이 고팠던
제자 이야기

멀리 창원에서 한 제자가 나를 찾아왔다. 졸업한 햇수를 따져
보니 정확히 12년의 세월이 흘렀다. 강산도 변할 만큼의 세월이
흐르고도 두 해가 더 지난 것이다. 그와 만나 이런저런 이야기
를 나누다보니 어떤 세월의 광풍에도 지워지지 않을 것 같았던
그에 대한 기억이 상당 부분 훼손된 것을 알 수 있었다.

"선생님 기억나십니까? 저 밀걸레로 때리신 거 말입니다. 그
런데 말입니다. 선생님은 매를 안 드시기로 유명했다 아닙니
까? 저희들이 결석하면 선생님이 대신 운동장을 돌기도 하고

말입니다. 그런데 저는 그런 선생님께 매를 맞은 거란 말입니다. 저, 거기에서도 선생님 생각 많이 했습니다. 선생님, 저 거기 갔다 온 것 아시죠?"

"응? 그래, 그런 일이 있었지?"

"거기서도 생각 많이 했습니다. 그러실 분이 아닌데 저만 왜 그렇게 때리셨을까 하고 말입니다."

그는 사람이라면 누구나 얼마만큼은 가지고 있는 옳고 그름에 대한 판단 능력이 사뭇 부족한 아이였다. 누가 보아도 그의 잘못이 분명한데 그는 그것을 시인하지 않았다. 오기나 고집 때문이 아니라 그렇게 믿고 있는 것이다. 충분한 시간을 들여서 알아듣도록 설명해주어도 효과가 없기는 마찬가지였다. 그는 말하자면 자신이 해를 가한 상대방의 아픔이나 고통은 아랑곳하지 않고 자신이 당한 작은 손해만을 생각했다. 이런 식이었다.

"너 어떻게 급우를 만신창이가 되도록 때릴 수 있어?"

"그 자식이 먼저 시비를 걸었단 말입니다."

"시비를 걸었다고 그렇게 무자비하게 때려?"

"먼저 시비를 걸었다니까요? 전 정말 억울합니다."

"그럼 앞으로도 시비를 걸면 그렇게 잔인하게 보복할 거야?"

"지가 저한테 시비를 안 걸면 되지요."

그 아이의 행동을 그가 지닌 거친 무기가 아닌 아픈 결핍으로 이해하기까지는 많은 시간과 노력이 필요했다. 다행히도 그는 거짓말을 하지 않는 좋은 습성이 있었다. 그 한 가닥 희망에 매달려 낫 놓고 기억자를 가르치는 식으로 인간의 도리에 관한 기초적인 이야기를 그해 내내 해주어야만 했다.

그는 여섯 살의 어린 나이에 부모를 모두 잃었다. 병이나 사고로 인한 사별이 아니었다. 평소에도 사이가 좋지 않던 부모가 어느 날 큰 말다툼 끝에 갑자기 종적을 감추어버린 것이다. 그와 두 살 터울의 동생을 병약한 노모와 함께 남겨두고 말이다. 그의 부친은 아직까지도 소식이 끊긴 상태이고, 초라한 숙박업소를 전전하며 험한 일을 하고 있는 모친에 대한 소식은 몇 해 걸러 한 번씩 풍문을 통해서나 듣고 있는 정도이다. 지금이라도 어머니를 만나볼 생각이 없느냐고 묻자 이런 대답이 돌아왔다.

"저도 가끔은 어머니가 보고 싶은데 만날 용기가 나지 않습니다. 제가 어머니 앞에서 어떤 행동을 해야 할지도 모르겠고요. 그런데 선생님, 제가 그동안 부모 없이 자라면서 가장 힘들었던 것이 무엇이었는지 아십니까?"

그것은 뜻밖에도 공부라고 했다. 초등학교 고학년이 되도록 교과서에 있는 글자를 제대로 읽지 못해 힘들었다는 것이다. 그럴 것이 집 안에는 까막눈인 할머니뿐이어서 아무도 도움을 청할 사람이 없었던 것이다. 학교에서도 상급생이 되어 글자도 못 읽는다고 혼을 낼 뿐, 그의 처지를 이해하고 자상하게 글자를 가르쳐준 친절한 선생님을 만나지 못했다. 중학생이 되면서부터는 아예 그런 자신의 약점을 숨기기 위해 아무에게도 내색하지 않았다고 했다.

그는 내가 담임을 맡았던 그해, 오토바이 절도로 구속되어 졸업을 불과 2개월 남겨두고 학교를 떠나게 되었다. 그를 구해보려고 탄원서를 들고 검사를 찾아가 눈물로 호소해보았지만 소용없었다. 다만 그러한 담임교사로서의 당연한 노력이 그의 마음을 움직였던 것 같다. 그는 다음 해 형기를 마치고 다시 학교에 돌아올 의사를 나에게 전해왔고 학교에서도 그를 받아들여 무사히 졸업을 하게 되었던 것이다. 그런데 그 이후가 문제였다.

"전 정말 몰랐습니다. 전과가 있어서 적어도 10년은 취직을 못 할 줄로 지레짐작한 거지요. 그래서 지금까지 술집 웨이터 생활만 한 거 아닙니까? 그런데 작년에 알아보니 제가 졸업한 바로 그해 전과기록은 이미 지워졌더란 말입니다."

그런 기막힌 사연도 사연이었지만 그날 나를 더욱 놀라게 한 것은 교통사고를 무려 세 번씩이나 당한 그 뒷이야기였다. 그는 관광호텔 나이트클럽에서 웨이터 생활을 하면서 술에 취한 손님들에게 바가지를 씌우는 수법으로 돈을 벌었다고 했다. 그런 중에 첫번째 교통사고를 당하게 되고, 문득 그것이 손님들에게 바가지를 씌운 것에 대한 벌일지도 모른다는 생각에 다시는 그런 짓을 하지 않기로 마음을 먹는다.

그런데 함께 일하는 동료들이 문제였다. 양심을 지키려고 노력할수록 그들의 냉소와 비웃음은 커져만 갔다. 그래서 그는 어쩔 수 없이 예전의 모습으로 되돌아갈 수밖에 없었다. 그런 와중에 두번째 교통사고를 당한다. 그 사고로 그동안 번 돈을 거의 다 까먹고 말지만 돈에 대한 애착보다는 그 사고로 인해 사람답게 살고 싶은 생각이 더 강해졌다고 했다. 늦었지만 공부를 다시 해서 떳떳한 직업으로 바꾸고도 싶었다.

하지만 그에게는 그런 자신의 진실한 속내를 털어놓을 친구가 없었다. 결국 너무도 큰 외로움이 다시 과거의 생활로 돌아가도록 했고, 그러다가 세번째 교통사고를 당하게 된다.

"세 번씩이나 교통사고를 당했는데도 이상하게 조금도 억울하다는 생각이 들지 않더란 말입니다. 정말 진실하고 보람되게 살고 싶다는 생각밖에는 아무 생각도 들지 않았습니다. 그런데 선생님, 마취에서 깨자마자 맨 먼저 떠오른 사람이 누군지 아십니까? 바로 선생님입니다. 선생님만은 제 진실을 이해해주실 거라는 생각이 퍼뜩 들더란 말입니다."

그날 제자가 나를 찾아온 이유도 바로 거기에 있었다. 아무도 알아주지 않는 자신의 진실을 과거 담임에게 털어놓기 위해 그는 멀리 창원에서 차를 몰고 달려온 것이다. 선물을 한 아름 들고서. 나에겐 제자의 회심이 가장 큰 선물이긴 했지만. 그는 지금이라도 방송통신대에 들어가고 싶다고 했다. 그러더니 나이가 벌써 서른한 살인데 지금 시작해도 성공할 수 있겠느냐고 나에게 물었다. 나는 유쾌한 심정이 되어 이렇게 대답해주었다.

"공부에 무슨 나이가 문제겠어? 나도 선생님이 되려고 지금 네 나이 때 사범대에 들어가 다시 공부 시작했어. 너도 열심히 하면 분명 승산이 있을 거야. 그리고 넌 이미 성공했어. 돈보다도 진실을 선택한다는 거, 말처럼 쉬운 일이 아니거든. 너 말고 세 번씩이나 교통사고를 당한 사람 있으면 나와보라고 해!"

그를 보내고 나는 문득 모천회귀 본능으로 유명한 연어를 떠올렸다. 그가 나를 찾아온 것도 그런 것과 비슷하지 않나 싶어서였다. 연어에게 모천회귀 본능이 있듯이 우리 인간에게는 '진실회귀' 본능이란 것이 있지 않을까? 그런 것이 없다면 어떻게 10년 넘게 연락이 없던 제자가 먼 거리까지 차를 몰고 나를 찾아올 수 있었을까?

그런 생각을 하다보니 지금의 학교가 아이들에게 그런 진실을 심어주고 있는지 모르겠다는 의구심이 들었다. 아니, 의구심이 아니었다. 슬픈 확신이었다.

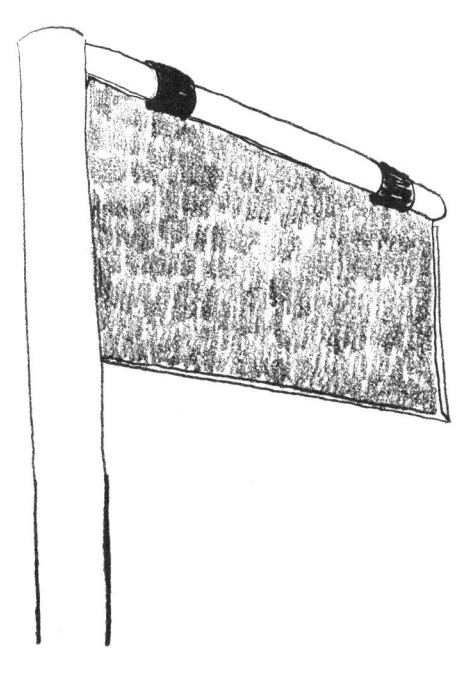

이정표의 뒷면에는 아무것도없다
그것은 이정표가 뒤돌아있기 때문이다
모두가 앞만보고 달려가고 있을때
길을 잃은 사람을 위해 멈추어 뒤돌아보는,
그 사람이 바로 교사이다

21

수업시간에 휘파람을 부는 아이들
_창조적으로 반응하기까지

한창 수업을 하고 있는데 교실 어디선가 휘파람 소리가 들려왔다. 요즘 내가 들떠 있어서 그랬는지, 아니면 겁도 없이 휘파람 소리를 낸 녀석이 그날 일진이 좋아서 그랬는지 그 소리가 내 귀에는 청아한 새소리처럼 들렸다. 나는 연극 대사라도 외우듯이 소리가 난 쪽을 향해 이렇게 말했다.

"어, 우리 교실에 새가 한 마리 들어왔나보네!"

말이 떨어지기가 무섭게 이번에는 두 마리의 새가 화음을 맞추어 노래하기 시작했다. 내가 싱긋 웃어 보이자 금세 한 마리가 더 합세하여 이내 삼중주가 되었다. 나도 질세라 입을 오므려 휘파람 소리를 내보았다. 휘파람새 한 마리가 아이들 쪽으로 날아갔다. 그것으로도 모자라 나는 잠시 교탁에 책을 내려놓고 아이들에게 이렇게 말했다.

"자, 여러분 가슴속에 있는 새들을 다 날려보세요."

순간 말을 잘했다 싶게 교실은 삽시간에 새떼가 날아와 앉은 숲이 되고 말았다. 내가 행복한 웃음을 짓자 아이들도 환히 따라 웃었다. 사내 녀석들이 귀엽고 예뻤다. 아이들의 표정에서 자유의 냄새가 났다. 불과 몇 분, 아니 몇 초가 그렇게 흘러가고 이내 다시 수업이 시작되었다. 몇몇 떠드는 아이들이 있었지만 검지를 입술에 갖다 대고 잠시 눈길을 주면 덩치 큰 녀석들이 순한 양처럼 자세를 바로 고쳐 앉았다. 그중 한 녀석이 처음 휘파람을 분 아이가 아니었을까?

요즘 나는 아이들을 만나는 것이 참 즐겁고 행복하다. 굳이 그런 얘기를 하는 것은 학교에서 아이들을 만나는 것이 마냥 즐겁고 행복한 일만은 아니기 때문이다. 내 주변에는 정년이 빨리 와버렸으면 좋겠다고 절망적으로 말하는 동료교사도 적지 않다. 사실 나도 여러 차례 그런 우울한 생각에 빠졌던 적이 있다. 그 아픔은 지금도 현재진행형이다.

그럼에도 나는 아이들 속에서 행복하다. 올해 들어 부쩍 행복한 기분이 자주 들곤 한다. 그 이유가 무엇일까? 내 삶에 어떤 놀랄 만한 변화가 있었을까? 그럴 수도 있고 아닐 수도 있다. 선의에 대한, 혹은 인간에 대한 믿음이랄까? 아이들을 믿고 사랑하는 것밖에는 달리 방법이 없다는 새삼스러운 사실을 숙명처럼 가슴에 아로새겨버렸다고나 할까? 그 외에는 다른 방법을 궁리하지 않게 되면서부터 나는 비로소 행복해진 것 같다.

요즘 들어 나에게 변화가 생겼다면 그것은 내가 좀 느슨해졌다는 것이다. 아이들의 행동에 대한 반응속도가 사뭇 늦어졌다. 아이들에게 더디 화를 내는 것, 어떤 상황에서도 아이들에게 저주스러운 말을 하지 않는 것, 그 두 가지만 실천해도 아이들 문제로 속을 상하는 일이 적어진다. 나로 인해 아이들이 행복해지는 것은 말할 필요조차 없겠지만 말이다.

나는 수업을 마치고 복도를 걸어 나오면서 조금 전의 상황을 다시금 정리해보았다. 수업시간에 휘파람을 분 녀석이 있었다. 나는 그를 나무라기는커녕 덩달아 휘파람을 불며 놀았다. 그러고는 아이들에게 가슴속의 새를 날려보라고 했다. 이제 수업시간에 휘파람을 부는 녀석들이 많아질지도 모른다. 잘못을 했어도 학생들을 야단치지 않은 나는 그 대가를 지불하게 될 것이다. 그럴까? 정말 그럴까?

내가 행복한 것은 분명하게 '아니다'라고 말할 수 있는 믿음이 요즘 들어 더욱 확고해진 까닭이다. 그날 아이들은 나와 함께 휘파람을 불며 서로에 대한 신뢰를 쌓고 있었다고 믿고 싶은 것이다. 그때 이런 식으로 반응했다면 어떻게 되었을까?

"누구야? 이런 건방진 녀석 같으니, 당장 나와."

교사가 학생에게 그런 태도를 취했다고 나무랄 수는 없다. 아니, 어쩌면 당연한 일이다. 하지만 그것이 창조적인 반응이라고 말하기는 어렵다. 잘못한 아이는 꿀밤이라도 한 대 얻어맞으면 그뿐이다. 교사에게 야단맞았다고 자신의 행동을 반성할 가능성은 거의 없다. 아이를 변화시키기 위해서는 그 이상의 전략이 필요하다는 얘기다.

며칠 전에도 전략이 필요한, 즉 창조적으로 반응해야 하는 상황과 마주쳤다. 평소 친하게 지내는 한 동료교사가 갑자기 일이 생겨 나에게 학급 종례를 부탁했다. 부담임선생님을 찾기가 어려웠는지 가까운 자리에 앉은 나에게 부탁을 해온 것이다. 나는 흔쾌히 허락하고 수업 종료를 알리는 신호음이 울리기가 무섭게 교실로 달려갔다. 아이들은 가방을 챙기다 말고 나를 바라보았다.

"영어 선생님, 웬일이세요?"

"오늘 담임선생님에게 갑자기 일이 생겨서 내가 종례하러 왔어."

"선생님이 우리 반 부담임이세요?"

"응, 마음의 부담임이야."

"그럼 빨리 종례해주세요."

"그래, 우선 문단속부터 하고."

문단속이 끝나자 나는 아이들에게 자리에 앉으라고 했다. 아이들은 더없이 밝은 표정으로 나를 바라보고 있었지만 몇 번씩 말해도 좀처럼 자리에 앉을 생각을 하지 않았다. 내가 팔짱을 낀 채 잠시 허공을 보고 서 있자 한 아이가 내 턱밑까지 다가와 종례를 빨리해달라고 채근해댔다.

"종례 빨리해주세요. 늦으면 스쿨버스 못 탄단 말이에요."

"허, 자리에 앉아야 종례를 하든지 말든지 하지. 난 너희하고 헤어지기 싫으니까 빨리 가고 싶으면 자리에 앉아."

그때였다. 다른 한 아이가 한 걸음 앞으로 나서며 상냥한 목소리로 이렇게 말했다.

"선생님, 우리 그냥 서서 종례해요."

웃는 낯에 침 못 뱉는다고 했던가. 아이의 해맑은 얼굴을 바라보자 한순간 복잡했던 생각이 다시 단순해졌다.

"좋아. 그럼 우리 악수종례하자."

악수종례란 전에 담임을 맡았을 때 토요일마다 했던 종례 방식이다. 문단속이 다 끝나면 아이들은 앞문으로 나가면서 나와 악수를 한다. 그리고 서로 눈빛을 주고받으며 이렇게 조금은 낯간지러운 인사를 나누는 것이다.

"행복해야 돼."

"선생님두요."

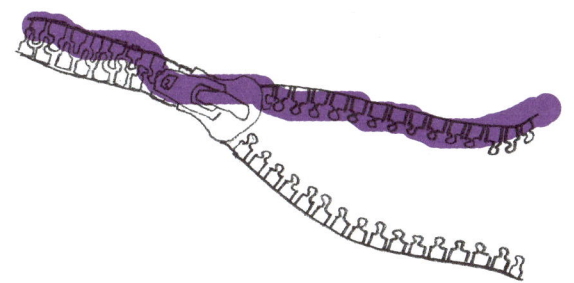

노래는 틈에서 나오고
틈은 느슨함에서 나온다

앙다문 입으론 노래할수없듯이
느슨하게 때로는 느슨하게

22

아이들과 함께 있으면 나는 내가 좋아진다

나는 아이들과 함께 있을 때만 내 자신이 안심된다. 그것을 뒤집어 생각하면? 그렇다. 나는 남들과 함께 있으면 스스로가 안심이 안 된다. 외출하고 돌아올 때마다 일을 저지른 기분이 드는 것도 바로 그 때문이다. 이에 비하면 아이들과의 만남에서는 오류의 빈도수가 훨씬 낮게 나타난다.

나에게는 나쁜 버릇이 하나 있다. 누군가와 대화할 때 자꾸만 딴 생각이 드는 것이다. 상대방은 열심히 얘기하는데 나는 한참 공상에 빠져 있다가 대화의 맥을 잃기 일쑤다. 고치려고 해도 잘 되지 않는다. 그뿐이 아니다. 겸손이 좋은 것인 줄 알기에 겸손하려고 해도 끝내는 나를 과시하지 못해 안달이다. 겉으로 보기에는 진정한 헌신처럼 보이는 행동도 나를 위한 행동일 경우가 많다. 결국은 내 인격이 덜 자랐다는 얘긴데, 흥미로운 것은 그런 나의 인간적인 미숙함이 아이들과의 만남에서는 잘 드러나지 않는다는 것이다.

나는 아이들과 대화할 때 나 자신보다는 아이들에게 집중한다. 한 아이가 교무실로 찾아와 무슨 질문을 하거나 부탁을 하면 모든 일을 중단하고 우선적으로 그 아이의 말에 귀를 기울인다. 그리고 최선을 다해 도움을 주고자 노력한다. 공상에 빠지거나 남을 의식해서 말하지도 않는다. 나를 과시하거나 교만을 떨지도 않는다. 내 앞에는 한 아이가 있고, 나는 오로지 그를 위해 존재한다.

그럼 나는 훌륭한 교사일까? 의사는 환자를 위해서 존재한다. 교사가 아이들을 위해서 존재하듯이. 의사는 환자가 병원에 찾아오면 모든 일을 중단하고 우선적으로 환자의 말에 귀 기울인다. 그리고 최선을 다해 도움을 주고자 노력한다. 의사는 자기를 찾아온 환자에게 자기를 과시하거나 교만을 떨지 않는다. 물론 환자와 대화를 하다가 공상에 빠지지도 않는다. 오로지 환자의 치료에만 집중할 뿐. 우리는 그런 의사를 훌륭한 의사라고 말하지 않는다. 그냥 의사일 뿐.

이태 전쯤 일이다. 어느 날 저녁 무렵 방천길을 걷다가 우연히 오래전에 내가 담임을 맡았던 제자아이들을 만났다. 너무 반가운 나머지 서로 손을 잡고 껑충껑충 뛰다가 근처 벤치에 앉았다. 세월이 제법 흘렀는데도 그 아이들과 함께했던 시간은 기억에 생생하게 남아 있었다. 너무도 철이 없고, 오로지 자기 자신에게만 몰두해 있던 아이들에게 인간으로서의 기본적인 도리와 예의를 가르친다는 것은 여간 어려운 일이 아니었다. 다행히도 나는 속이 발칵 뒤집어진 뒤에도 나 자신보다는 아이들에게 집중하는 모습을 발견하곤 했다. 그것은 아이들을 위해서나 나를 위해서나 지극히 고마운 일이었다.

그날 천변에서 아이들이 서로 티격태격하며 주고받는 애기를 듣다보니 나도 참 어지간했다는 생각이 들었다. 한참 호들갑을 떨면서 말을 주고받던 아이들이 이번에는 서로 삿대질까지 해가면서 숫제 싸움을 하는 듯했다.

"야, 넌 그때 선생님께 정말 너무했어!"

"뭐가? 너도 장난 아니었어! 너 아프다고 거짓말 치고 조퇴한 적도 많았잖아."

"그런 너는? 할머니 제사라고 거짓말 치고 네 남친이랑 놀러갔잖아."

"그래도 넌 반장이었잖아. 반장이 돼가지고 선생님 힘들게 하면 되겠냐?"

"누가 뭐랬나? 나도 졸업하고 나니까 그때 내가 왜 그랬나 싶더라. 선생님 죄송해요. 호호."

"저도요."

"저도요, 선생님!"

앞다투어 잘못을 비는 제자들을 보고 있자니 까마득히 잊고 있었던 일까지 하나둘 떠올랐다. 나는 그 아이들의 담임을 맡는 동안 입에 자유라는 말을 달고 다녔다. 자유와 방종은 다르다고 말해주긴 했지만 어린 나이에 어디 그게 쉽게 구별이나 되었겠는가. 그런 생각을 하다보니 문득 확인하고 싶은 것이 있어서 아이들에게 이런 질문을 던졌다.

"선생님을 생각하면 무슨 단어가 가장 먼저 떠오르니?"

"……사랑?"

그 아이가 정답을 확인하고 싶은 표정을 지어 보이며 내게 말했다.

"사랑? 그래, 너희들 많이 사랑했지. 그거 말고."

"……자유?"

나는 또 한 아이의 입에서 발음된 '자유'라는 단어에 귀가 번쩍 뜨였다. 내가 원한 답도 바로 그것이었으니까. 지금은 제법 정신적으로 성숙해 보이지만, 당시만 해도 풀어놓은 망아지처럼 펄펄 살아 날뛰던 아이들에게 자유를 말하는 것은 숫제 섶을 들고 불에 뛰어드는 격이었다. 하지만 아이들에게 날이 시퍼런

검을 손에 쥐여주면서 아무런 방책이 없을 리는 없다. 3일째 무단결석을 한 뒤에 학교에 나온 한 아이에게 이렇게 말했던 기억이 난다.

"난 너에게 결석하지 말라고 말하고 싶지 않아. 그것은 결석을 해도 좋다는 말이 아니라 결석하지 않는 것만으로는 부족하다는 거야. 결석하지 않을 생각을 하지 말고 대신 학교생활을 충실히 할 생각을 해봐. 선생님을 위해서라도 결석하지 말아야겠다고 다짐하는 것은 고마운 일이지. 하지만 난 네가 결석하지 않는 것만으로는 기뻐하지 않을 거야. 네가 너의 꿈을 이루기 위해서 노력하고 정말 뭔가를 하고 싶어서 실행한다면 난 그때 기뻐할 거야. 그게 바로 자유야."

나와 친한 동료교사들도 내가 아이들에게 너무 자유를 준다고 타박하곤 했다. 대개는 못 들은 체하고 넘어가지만 가끔은 이렇게 항변할 때도 있다.

"너무 자유를 주다니요? 내가 어떻게 아이들에게 온전한 자유를 주고 학급 운영을 할 수 있겠어요? 나도 아이들 억압하고 통제하는 교사일 뿐이라고요. 그리고 이 학교라는 시스템 자체가 아이들을 통제할 수밖에 없게 하잖아요. 거의 하루 대부분의 시간을 수업시간 오십 분, 쉬는 시간 십 분으로 틀을 정해놓고 그런 체제에 잘 순응하겠다는 서약서까지 제출해야 입학이 가능하잖아요? 그럼 방과후만이라도 아이들에게 자유를 주어야 할 텐데, 보충수업이니 야간자율학습이니 아이들의 시간을 강제로 관리하게 되면 언제 아이들이 스스로 생각하고 스스로의 힘으로 살아가는 방법을 배우겠어요?"

그날 나는 아이들과 헤어져 걸어서 집으로 돌아왔다. 어차피 산책길에 만난 것이어서 걸어서 돌아갈 생각을 한 것인데 아이들은 절대 안 된다고 펄쩍 뛰는 것이었다. 그래도 걸어서 가겠다고 고집하자 한 아이가 바로 옆에 서 있는 나에게 전화를 하더니 잠시 후 이렇게 말하는 것이었다.

"무슨 일이 생기면 여기를 누르시면 돼요. 그럼 최근에 통화한 사람과 연결이 돼요. 제가 방금 선생님께 전화를 했으니까 제가 받을 수 있어요."

아이들은 아마도 내가 나이를 먹었다고 생각한 모양이다. 그렇다고 해도 남자도 아닌 어린 처녀애들이 그렇게 호들갑을 떠는 것이 우습기도 했지만 한편으로는 눈물겹도록 고마웠다. 집에 도착할 무렵, 한 아이에게서 이런 문자가 왔다.

"선생님, 집에 잘 돌아가셨어요? 저희들 포기하지 않아주셔서 감사해요. 그리고 넘넘 사랑해요~"

나는 답장으로 이렇게 문자를 보냈다.

"나도 고맙다. 선생님 신경 써주어서. 그리고 너희들 자신을 포기하지 않고 사랑해주어서."

나는 지금도 아이들과 함께 있을 때만 내가 안심이 된다.

내가 나 자신에게 후한 점수를 주는 것도 바로 그때이다. 아이들과 함께 있으면 나는 내가 좋아진다.

23

노래 〈빈센트〉로 슬픔을 수업하다

영어에 '제정신, 혹은 정신이 온전함'이란 뜻을 지닌 'sanity'란 단어가 있다. 돈 매클린이 부른 〈빈센트Vincent〉의 노랫말에 이 단어가 나온다. 나는 팝송으로 수업을 자주 하는 편인데, 해마다 노래를 고르면서 이 곡을 넣을까 말까 망설이곤 한다. 아이들에게 화내지 않고 이 노랫말을 소개할 자신이 없기 때문이다. 하지만 결국 나는 〈빈센트〉를 목록에 넣고 만다. 마치 어떤 슬픈 운명에 이끌리는 사람처럼. 그리고 그 운명의 날에 나는 평소와는 다른 조금은 비장한 표정을 지으며 학생들을 향해 이렇게 입을 연다.

"여러분, 화가 빈센트 반 고흐를 아시지요? 그는 스물일곱 살부터 그림을 그리기 시작해 서른일곱 살에 권총 자살로 생을 마감하기까지 약 십 년 동안 만육천 점의 그림을 그렸습니다. 그 중 팔린 작품은 단 한 작품. 그가 죽은 뒤 십 년이 지나서야 그의 그림은 진가를 발휘하지요. 그리고 약 백 년이 지난 뒤에 한 가수가 그의 고독했던 영혼을 달래기 위해 그의 이름을 딴 〈빈센트〉란 아름다운 노래를 지어 바칩니다. 빈센트 반 고흐가 겪어야 했던 고통을 생각하면서 노래를 들어보세요."

여기까지 단숨에 말하고 녹음기의 재생 버튼을 얼른 누른다. 곧이어 노래가 흐르고 잠시 후 그 문제적인 가사가 내 귀에 들려온다.

당신이 뭘 말하려 했는지 난 이제야 알 것 같군요.
온전한 정신을 갈구하며 당신이 얼마나 고통을 겪었는지,
그리고 사람들을 자유롭게 하려고 얼마나 노력했는지
사람들은 들으려 하지 않았고 어떻게 듣는지도 모

르죠.

아마도 지금은 귀 기울여 들을 거예요.

노래가 끝나면 모니터에 수업자료를 띄워놓고 단어를 먼저 공부한 다음, 칠판에 적어놓은 영어가사를 우리말로 풀어서 설명해준다. 그런데 문제가 생겼다. 맨 뒤에 앉아 있는 두 아이가 장난을 시작한 것이다. 어떻게 할까? 모른 체하고 내버려둘까? 아니면 혼을 내줄까? 잠깐 생각하다가 두 아이를 앞으로 불러냈다. 두 아이는 화들짝 놀라 앞으로 나왔다가 곧바로 자리로 돌아갔다.

아무리 좋은 말도 길어지면 잔소리가 된다. 비난은 절대 금물이고, 꾸중도 절제가 필요하다. 대신 아이들의 인격을 키워줄 방도를 마련할 필요가 있다. 나에게 모든 수업 장면은 그것과 무관하지 않다. 나는 전체 학생에게 이렇게 물었다.

"여러분, 온전한 정신을 갈구한다는 것이 무슨 뜻일까요? 그리고 온전하게 사는 것이 왜 고통스러운 일이 되는 걸까요?"

아이들은 얼른 대답을 못 했다. 나는 다행히 쉬운 예를 하나 생각해냈다.

"만약 우리나라가 과거처럼 다시 일본의 속국이 된다면 정신이 온전한 사람이 괴로워할까요? 온전하지 않은 사람이 괴로워할까요?"

"온전한 사람이요."

"맞아요. 정신이 온전한 사람들은 나라 잃은 슬픔에 고통을 겪을 테지만 정신이 온전하지 않은 사람들은 오히려 그 기회를 자신의 출세를 위한 발판으로 삼으려 하겠지요. 그런데 온전한 정신을 가진 사람이 더 고통을 겪어야 한다면 고통을 겪지 않기 위해서 온전한 정신을 가지지 말아야 할까요?"

"아니요. 가져야 합니다."

"그럼 고통을 겪게 되는데도요?"

아이들의 표정이 복잡해졌다. 그것은 어쩌면 당연한 일이었다. 어느 쪽이든 문제가 없지는 않을 테니까. 나는 다시 말을 이었다.

"빵 굽는 기술자가 있었어요. 하루는 사장이 빵에 설탕을 넣지 말고 사카린을 넣으라고 해요. 사카린은 설탕에 비해 값도 싸고 당도도 높지만 인체에 해로운 물질이지요. 특히 어린이에게는 치명적이어서 정신이 온전한 기술자로서는 사장의 명을 따를 수가 없었지요. 그래서 사장의 말을 거역했고, 사장은 기술자에게 회사를 그만두라고 해요. 이제 어떻게 해야 할까요?"

나는 왜 아이들에게 이런 질문을 던진 것일까? 그 이유는 간단하다. 그들이 사회에 나가기 전에 이상과 현실, 그 선택의 기로에 미리 서보게 하려는 것이다. 인간의 온전한 정신을 지키기 위한 연습 말이다. 지금의 입시위주 교육으로는 가당치도 않은. 나는 빵 굽는 기술자 이야기를 이렇게 마무리했다.

"만약 제가 빵 굽는 기술자라면 우선 빵에 사카린을 넣는 일은 절대 하지 않을 거예요. 그것은 많은 어린이들을 서서히 죽이는 일이고, 그런 흉악한 짓을 하려고 세상에 태어나지는 않았으니까요. 그렇다면 회사를 그만두어야 하지 않느냐고 묻고 싶지요? 그럴 수도 있겠지요. 하지만 그렇다고 돈을 못 버는 것은 아니에요. 직종을 바꿀 수도 있고, 아니면 작은 빵집 사장이 되어 직접 빵을 만들어 팔 수도 있겠지요.

물론 사카린이 아닌 설탕을 넣어서 빵을 만들어야지요. 그러면 생산비가 너무 많이 들어 장사가 안 될까요? 그런 착한 생각만으로는 현실 사회에서 적응하기 어려울까요? 꼭 그런 것만은 아니에요. 지금은 과거와는 달리 빵에 사카린을 넣지 않아요. 그런 빵을 만드는 사람은 감옥으로 가고 말지요. 그만큼 사회가 발전한 거지요. 그런데 사회가 그냥 발전했을까요? 온전한 정신을 가진 사람들이 고통을 겪으면서 얻어낸 소중한 결과이지요. 어때요? 고통이란 말이 아름답게 느껴지지 않나요?"

수업을 하면서 마음에 고통이 느껴질 때가 있다. 교사로서 온전한 정신을 가지고 아이들을 대하려고 노력할수록 그 고통은 배가 된다. 그 고통이 달갑지 않아 적당히 타협하려 했던 적이 어디 한두 번인가. 내가 교사로서 온전하게 산다는 것은 곧 아이들을 자유롭게 해주는 것을 의미한다. 자유로운 인간만이 온전한 삶을 누릴 수 있기 때문이다. 하지만 아이들이 누릴 자유는 시험관 속의 자유가 아니다. 우리나라의 교육풍토 속에서 학생이 자유롭기 위해서는 교사의 자유가 얼마만큼 희생되거나 훼손되어야만 한다. 물론 이때의 자유란 고통과 불편함에서 벗어나는 소극적인 자유를 의미하는 것이겠지만 말이다.

내가 〈빈센트〉를 선곡한 가장 중요한 이유는 아이들에게 고통과 슬픔에 대한 공감능력을 키워주기 위함이다. 남의 슬픔에 공감한다는 것은 슬픔에 빠져 허우적거리는 것과는 다르다. 오히려 남의 고통에 공감함으로써 자신의 고통을 들여다보고 치유의 길을 열어갈 수도 있다. 하지만 그것은 교사의 희망사항으로 끝날 때가 많다. 아이들은 들으려 하지 않고 어떻게 듣는 줄도 모르기 때문이다. 그럴 때마다 나는 고통을 느끼지만 다행히도 모든 것이 거기서 끝나지는 않는다. 그렇다, 거기서 끝나지 않는다. 언젠가 아이들은 이렇게 노래하고 있을지도 모를 일이다.

"당신이 뭘 말하려 했는지 난 이제야 알 것 같군요.
온전한 정신을 찾으려고 당신이 얼마나 고통을 겪었는지."

24

선생님은 그애를 바라볼 때만
눈이 빛나요

가끔 강사로 초청받아 다른 학교를 방문할 때가 있다. 같은 평교사로서 강사 자격으로 선생님들 앞에 선다는 것은 두려우면서도 퍽 가슴 설레는 일이다. 선생님들 앞에서 무슨 말을 먼저 꺼낼 것인지 고민도 많이 하게 된다. 몇 해 전인가는 서울에서 강의할 기회가 있었는데 그때 전국 각지에서 온 교사들 앞에서 이렇게 첫 말문을 열었다.

"여기 올라오면서 방학이긴 하지만 교장선생님께 보고를 드려야 할 것 같아서 학급 운영에 관한 강의를 하러 서울에 간다고 말씀드렸습니다. 그랬더니 교장선생님의 표정이 좀 안 좋아 보이셨습니다. 자기 학급이나 잘 단속할 일이지…… 하는 그런 표정이셨지요."

청중의 웃음을 유도하기 위한 가벼운 농담이었지만, 그 말은 사실이었다. 그렇다고 교장선생님께 섭섭한 마음을 가졌던 것은 아니다. 교장선생님께도 나름대로 교육관이 있겠고, 그것은 나도 마찬가지다. 나의 교육관은 '자유'라는 단어로 압축할 수 있다. 좀 거창하게 말한다면 '한 아이가 자유로운 인간이 되도록 도와주는 것'이 내가 교사로서 품고 있는 철학이라고 할 수 있겠다. 자유로운 인간이 된다는 것은 구체적으로 무슨 뜻일까? 언젠가 아이들에게 해준 말이다.

"요즘 인터넷 소설을 많이들 보는데 좋습니다. 그런데 음식도 편식을 하면 좋지 않아요. 지금 학교 도서실에 만 권이 넘는 책이 있지만 편식에 길들여진 여러분에겐 아무런 소용이 없는 책들입니다. 그 책을 읽기 위해서는 훈련이 필요합니다. 약간 지루하고 딱딱하다 싶어도 참고 책장을 넘기다보면 책이 재미있어집니다. 그때가 되면 여러분은 갑자기 부자가 된 기분이 들지도 모릅니다. 도서실에 있는 만 권의 책이 다 여러분의 책이 될 테니까요. 고등학생이 고등학생 수준에 맞는 책을 재미있게 읽을 수 있는 것이 자유요, 자유로운 인간이 되는 것입니다."

아이들과 이런 속 깊은 얘기를 나누기 위해서는 무엇보다도 학생을 신뢰해야 하고, 또한 학생들의 신뢰를 얻는 일이 중요하다. 아이들에게 이런 이야기를 해봤자 알아먹기나 하겠느냐고 말하는 이들이 있다. 사실은 나 자신도 가끔은 허공에 대고 이야기하고 있다는 생각이 들 때도 있을 정도이니 이해가 가기도 한다.

하지만 인간은 양면적인 존재다. 정신적으로 나약해 보이는 아이들도 존재감 있는 인간으로 성장하고 싶은 욕구는 있기 마련이다. 아이들을 포기하지 않으려는 마음만 있다면 통제가 일상이 되어버린 학교에서도 아이들을 억압하지 않고 자유롭게 만나는 일이 얼마만큼은 가능해진다. 물론 힘이 들고 외로운 일이긴 하다. 학교 관리자의 눈에는 결과만 눈에 보일 뿐, 그런 내밀한 풍경이 포착되지 않을 것이기에 더욱.

나는 학교를 '자유를 연습하는 곳'이라고 생각하고 있고, 아이들에게도 그렇게 말해주곤 한다. 그런데 '자유'를 가장 억압하는 곳이 바로 학교일 수 있다는 점에서 학교를 관리하는 교장선생님과 나와의 불편한 관계는 숙명처럼 예고될 수밖에 없다. 그런 까닭에 나는 오히려 평소 교장선생님과 좋은 인간관계를 맺으려고 노력하는 편이다.

하긴 아이들도 '작은 자유인'이 되기 위해 나름대로 애를 쓰고 있는데 선생이 되어가지고 윗사람이 알아주지 않는다고 의기소침할 일은 아니다. 아니, 절대로 그럴 수 없다. 조금씩 자아의 몸

집이 불어가는 아이들을 만나는 기쁨이 너무 크기 때문이다.

며칠 전에는 한참 출석을 부르고 있는데 한 아이가 얼굴이 갑자기 환해지며 이렇게 요란을 떨었다.

"선생님, 지금 선생님 눈이 빛나고 있어요!"

아이들과 일일이 눈을 맞추고 이름으로 출석을 부르다보니 맨 앞에 앉은 아이의 눈에 내 눈 속 표정이 포착된 모양이다. 아이들과 일일이 눈을 마주쳤으니 눈이 빛나는 것은 어쩌면 당연한 일이지만 그 말이 더없이 반갑게 들렸다. 거기엔 그럴 만한 사연이 있었다. 약간 과장되게 말한다면, 그때가 바로 내 오랜 열망이 이루어진 순간이기도 했다.

꽤 오래전 얘기다. 수업시간에 아이들이 너무도 산만하고 도무지 말을 듣지 않아 수업 후 한 아이를 교무실로 데려와 이렇게 물었다.

"너희들 이런 아이들 아니었잖아. 아무래도 선생님이 너희들에게 무슨 잘못을 한 것 같은데 얘기해주지 않겠니? 잘못이 있다면 내가 고치려고 그래."

처음에는 그런 거 없다고 딱 잡아떼던 아이가 두 번 세 번 간절하게 묻자 뭔가 결심한 듯이 이렇게 말하는 것이었다.

"선생님은 그애를 바라볼 때만 눈이 빛나요!"

이름이 아닌 '그애'라고 말했음에도 아이의 얼굴이 떠오르면서 가슴이 철렁했던 것을 보면 내가 '그애'를 편애한 것은 변명의 여지가 없는 분명한 사실이었다. 그애가 얼굴이 유난히 예쁘거나 마음이 착해서는 아니었다. 그애가 남달리 지닌 지적 호기심 때문이었다. 결국 그애는 교사인 나에게 가르치는 보람을 안겨주고 있었던 셈이다. 그것을 비난할 수 있을까?

오랜 숙고 끝에 내려진 나의 결론은 '그렇다'였다. 만약 교사가 자신에게 보람을 안겨주는 학생을 바라볼 때만 눈이 빛난다면 나머지 아이들은 어떻게 될까? 그들이 느끼는 소외감은 무엇으로도 보상받을 수 없으리라. 이런 깨달음에까지 도달할 수 있었던 것은 고마운 일이지만, 문제는 그다음이었다. 다른 아이들을 소외시키지 않기 위해 내가 할 수 있는 일이 무엇일까? 그애를 바라보지 않거나 바라보더라도 눈을 빛내지 않거나 그래야 하는 것인가? 그때 나에게 선물처럼 와준 생각이 있었다.

'그런 소극적인 방법보다는 적극적인 방법을 고민해보자. 그애뿐 아니라 모든 아이들을 바라볼 때 내 눈이 빛나면 되지 않나?'

그다음 날부터 나는 한 아이가 아닌 모든 아이를 바라볼 때마다 눈이 빛나는 선생이 되기 위한 수련에 들어갔다. 인간 됨됨이가 부실하고 자기중심적인 구석이 여전한 나로서는 결코 쉬운 일은 아니었다. 수업시간마다 아이들과 눈을 맞추고 하루에도 몇 번씩 이름을 불러주고 나서야 조금씩 진전을 보였다. 지금 생각해보면 그것은 나에게 '자유의 연습'이었던 셈이다. 교사가 학생들을 공평하게 사랑할 수 없다면, 특정한 아이에 대한 미움의 속박에서 벗어날 수가 없다면, 예쁘고 착한 아이에게만 눈길이 간다면, 공부 잘하는 아이에게만 마음을 쏟는다면 결코 교사로서 '자유인'이라고 말하기는 어려울 것이기 때문이다.

미국의 진보교육학자인 존 듀이의 말을 빌리지 않더라도 학교는 아이들의 생활을 위한 공간이며 성장을 위한 장소이다. 아이들도 자라지만 교사가 함께 성장해야 한다. 내 성장의 지표는 아이들이다. 아이들의 생명을 그의 형편이나 주어진 조건에 상관없이 동일하게 여기는 것. 내가 학교에서 만나는 보통 아이들 각자의 삶의 무게가 내 삶의 무게와 같아지는 것. 거기까지가 내 성장의 이정표이다.

하지만 어찌 이런 일이 가능할 수 있을까? 과거의 내 모습과 지금의 내 모습을 비교해보면 불가능한 일도 아니다. 나는 지금도 그 지점을 향해 조금씩 성장해가고 있음을 느낀다.

제3부

시나브로 시나브로
변해가는 아이들

첫 수업시간부터 아이들에게 욕을 하다 | 교사의 인격적인 지도를 낯설어하는 아이들 |
왜 항상 선생님만 옳다고 생각하세요? | 그 아이는 왜 벌을 토막 내 죽였을까? | 미워
하지 않고 기다리는 것도 하나의 기술이다 | 반장 아이는 왜 수업시간에 괴성을 질렀을
까? _인간을 이해하면 학생도 이해하게 된다 | 사막과 아버지, 그들이 아름다운 것은 |
시나브로 시나브로 변해가는 아이들

25

첫 수업시간부터
아이들에게 욕을 하다

"이런 나쁜 자식 같으니라고. 넌 내 말이 말 같지 않아? 당장 나와!"

마치 연극 대사라도 외우듯 느닷없이 핏대를 올리며 목청껏 소리를 질러놓고는 학생들의 반응을 살펴보았다. 아니나 다를까, 아이들은 종잡을 수 없다는 표정이 역력했다. 교사가 학생들에게 큰소리로 야단을 치거나, 도가 지나쳐 가벼운 욕설이 튀어나오는 것쯤은 흔히 생길 수 있는 일이다. 아마도 그런 상황쯤으로 이해하는 아이들도 더러 있어 보였다.

하지만 상당수 학생들은 여전히 의아한 눈으로 나를 바라보고 있었다. 그렇다고 아이들이 내가 그렇게 느닷없이 화를 내고 욕을 해댈 사람은 아닐 거란 생각까지 했을 리는 없다. 그날이 새 학기 첫 수업시간이었으니까. 아이들이 나를 의아한 눈으로 바라본 것은 내가 칠판에 적어놓은 다음과 같은 글귀 때문이었다.

"친절한 교사가 되겠습니다."

누가 시킨 것도 아닌데 굳이 친절한 교사가 되겠다고 자청하여 선언해놓고는 그 말이 떨어지기가 무섭게 험한 말을 쏟아놓은 교사를 이상한 눈으로 바라보는 것은 당연한 일이다. 나는 청중의 반응을 충분히 확인한 뒤 남은 대사를 아껴가며 이렇게 천천히 말을 이어갔다.

"여러분이 아무리 잘못해도 절대 이런 식으로 말하지 않겠습니다. 아무리 버릇없이 굴어도 친절한 말로 조용히 타이르겠습니다. 그래도 버릇없이 굴면? 그때에도 친절한 말로 타이르겠습니다. 그래도 또 버릇없이 굴면 그때는? 그때에도, '야, 이 자식아, 너 이리 나와. 너 지금 나하고 놀자는 거야?' 이렇게 말하지 않고 여러분의 인격을 믿고 또다시 친절한 말로 타이르겠습니다. 그런데도 또 버릇없이 굴면 그때는? 그때에도……"

내용은 진지하지만 그것을 전하는 형식은 한 편의 코미디나 다름없다. 아이들의 동그랗던 눈 모양이 우스워 죽겠다는 듯 가늘게 찢어지고 있었다. 그 가늘어진 눈 모양이 다시 동그란 모양으로 되돌아온 것은 순식간의 일이었다.

"선생님은 산책하기를 좋아합니다. 산책하면서 많은 생각을 하게 되지요. 어제는 동천을 거닐면서 이런 생각을 해보았습니다. 세상을 살면서 가장 중요한 것이 무엇일까? 내가 교사로서 여러분을 만날 때 가장 마음에 두어야 할 것이 무엇일까? 그것은 여러분을 선의로 대하는 것, 바로 그것이 아닐까? 한 인간을 선의로 대하는 것, 그것만큼 중요하고 가치 있는 일도 없을 것 같습니다. 여러분이 선생님을 실망시키더라도 선생님은 여러분을 믿고 여전히 선의로 대할 것입니다. 마찬가지로 여러분도 여러분을 선의로 대하려는 선생님을 선의로 대해주셨으면 합니다."

학기 초에 학생들에게 간을 보이면 안 된다는 말이 있다. 일리가 있는 말이지만 생산적인 언어로 다가오지는 않는다. 그런 말을 무슨 진리인 양 정색하고 충고랍시고 해주는 후배교사들도 있다. 그들에게 어떤 상황에서도 아이들을 선의로 대해주어야 늦게라도 아이들이 돌아올 수 있다는 말을 해주기도 한다. 하지만 늘 그러는 것은 아니다. 자칫 소모적이고 불필요한 논쟁이 돼버릴 가능성이 농후하기 때문이다.

물론 교사의 선의를 악의로 갚는 아이들도 있다. 무슨 말을 하거나 눈에 비웃음이 가득한 아이들도 있다. 그런 아이들을 볼 때마다 그 비웃음을 그들의 마음에 심어준 어른들이 있으리라는 생각을 해본다. 누가 심어준 것이든 누구의 책임이든 그것을 환한 선의의 웃음으로 바꿔줄 필요가 있다. 바로 그 아이의 행복을 위해서.

혹시 그 아이에게 세상에 대한 비웃음을 심어준 사람이 바로 나 자신일지도 모른다는 생각이 든다. 울퉁불퉁했던 내 지난날을 돌이켜보면 그럴 만한 개연성은 얼마든지 있다. 나로 인해 마음의 상처를 입은 아이가 지금 어디선가 누군가의 사랑으로 치유되고 있다면 나는 그에게 빚을 지고 있는 셈이다. 지금 내가 만나는 아이들에게 그 사랑의 빚을 갚으면 된다.

고등학교를 막 졸업하고, 전도가 매우 불투명한 백수건달 시절의 얘기다. 어느 날 극장가를 어슬렁거리다가 교복 차림의 한 여자 후배를 만났다. 고교연합 서클활동을 하면서 꽤 친하게 지냈던 후배 곁에는 낯선 여학생 한 명이 서 있었다. 후배가 나를 선배라고 소개하자 내 행색이 마음에 안 들었던지 마치 불량품을 대하듯 나를 바라보았다. 자격지심 때문이었을까?

나는 기분이 좋지 않았고, 끝내 일을 저지르고 말았다. 이런 저런 얘기를 나누다가 별것도 아닌 일로 발끈하여 사람들이 붐비는 극장가에서 느닷없이 그녀의 뺨을 후려친 것이었다. 그것도 손등으로. 손등으로 친 것은 멋을 부린 것이었다. 영화 속의 한 장면을 떠올리면서. (이 죄를 씻을 수 있을까?)

그 이듬해 나는 거리에서 우연히 이미 대학생이 된 여자 후배를 만났다. 반가운 마음에 환하게 웃으며 손을 내밀었지만 후배는 예전과는 다르게 마지못해 손끝만을 내게 맡긴 채 우울하고 생기 없는 눈으로 나를 바라보았다. 머쓱해진 내게 후배는 친구가 이민을 갔다는 뜻밖의 소식을 전해주었다.

"이민을 가다니? 가족들과 함께?"

"예, 하지만 친구는 이곳에 남을 생각이었어요. 그런데……"

그때 그 일로 괴로워하다가 이민을 결심하게 되었다는 말이 나로서는 얼른 납득이 가지 않았다. 그도 그럴 것이 그때까지만 해도 내 머릿속에는 뺨을 후려친 내 모습만 입력되어 있었을 뿐, 그런 창피하고 황당한 일을 당한 여학생의 모습은 존재하지 않았던 것이다. 혹시 나중에라도 내가 그 일을 반성했다고 해도 그것은 나 자신에게 면죄부를 주기 위한 이기적인 행위에 불과했을 것이다. 그만큼 나는 자기중심적인 미숙아였던 셈이다.

승강장을 잘못 알고 내린 사람이 단지 그 일로 인해 인생의 행로가 달라질 수도 있다. 하물며 백주대로에서 아무 잘못도 없이 다른 사람도 아닌 친구의 선배로부터 느닷없이 뺨을 얻어맞은 사람에 대해서는 무슨 말이 더 필요하랴. 아무튼 그 일은 지금까지도 내게 반면교사가 되어 어떤 경우에도 제자들에게 손찌검을 하거나 언어폭력을 쓰지 못하도록 제어하는 역할을 해주고 있다. 한 아이를 선의로 대하려는 것도 이런 나의 어둡고 부끄러운 과거와 무관하지 않다.

인간에 대한 이해와 믿음 없이는 한 아이를 선의로 대하겠다는 생각을 하기 어려울 수도 있다. 학교에는 교사의 선의를 선의로 갚는 기특한 아이들이 있는가 하면, 그 반대의 경우도 있다. 그들은 왜 교사의 선의를 선의로 갚지 못하는가? 그 이유는 간단하다. 아직 미숙하고 부족해서이다. 그 시절 내가 미숙한 인간이었듯이. 그 미숙함은 지금도 여전하지만, 조금씩 내 진실이 성장해가고 있는 것처럼 아이들도 분명 그러할 것이다.

한 아이를 선의로 대하겠다는 약속을 꼭 지키고 싶다. 다만 너무 진지하지만은 않게, 가끔은 배꼽 잡을 만큼 코믹하게. 아이들은 그런 왁자지껄함 속에서도 감동의 문맥을 읽어낼 줄 알기 때문이다. 겉보기엔 전혀 그럴 것 같지 않은 아이들조차도.

26

교사의 인격적인 지도를
낯설어하는 아이들

교사로서 해묵은 고민이 하나 있다. '교사의 인격적인 지도를 낯설어하는 아이들을 어떻게 할 것인가?' 요즘 들어 학생에게 심한 체벌을 가하는 교사들을 보기도 어렵지만 아이들은 이미 오래전부터 교사의 통제에 길들여져 있는 것 같다. 청소년 인권보장을 선거공약으로 내세운 이른바 진보교육감이 대거 당선되는 현실 속에서도 정작 당사자인 학생들의 태도는 퍽 이 중적이다. 지금도 가끔 내게 이런 충고(?)를 해주는 아이들이 있다.

"선생님이 매를 안 드시니까 애들이 말을 안 듣는 거에요. 그리고 학기 초에는 저희 반 애들을 꽉 잡아주셨으면 해요. 안 그러면 애들이 공부를 안 할 것 같아요."

이런 말을 들을 때마다 매와 통제에 길들여진 아이들을 어떻게 해야 할지 난감해진다. 하루는 바로 그 말을 한 소희가 나에게 다가와 다짜고짜 이렇게 말했다.

"선생님께 할 말이 있어요. 저, 제가 선생님께 잘못한 것 같아요. 선생님이 처음엔 착하신 것 같아서 좋았는데 갈수록 화를 내시고 그래서…… 죄송해요, 선생님."

소희가 나에게 그런 말을 한 이유를 알 것 같았다. 열흘 전쯤 우리 반이 학교 급식도우미 차례가 되어 여섯 명이 자원봉사자로 나섰다. 식사를 마친 학생들이 수저와 식기를 반납하면 그것을 받아 정리하는 것이 할 일이었다. 학교 급식실에는 냉방시설이 되어 있었지만 쉴 새 없이 손을 놀려야 하는 아이들은 더위에 지친 모습이었다. 그래도 아이들은 특유의 밝은 표정으로 열심히 일했다. 나 또한 곁에서 나름대로 할 일을 찾아 함께 일했다. 부채질로 아이들의 등을 시원하게 해준 것도 그 일 중 하나였다. 아이들의 등이 시원해질 것을 생각하면 차마 부채질을 멈출 수가 없었다. 여섯 명의 아이들에게 번갈아가며 공평하게 부채질을 해주다보니 몸은 조금 피곤해도 마음만은 무척 행복했다.

아마도 소희는 그런 내 모습을 보고 한동안 나를 미워하고 마음을 주지 않았던 것에 대해 반성했는지도 모르겠다. 소희는 생각나는 대로 주저 없이 말을 해버리는 아이다. 생각과 언어 사이에 제어장치가 없다고나 할까? 수업태도가 아주 나쁜 편은 아니지만 조금만 지적을 해도 얼굴에 싫은 표정을 노골적으로 드러냈다. 자기가 무엇을 잘못했느냐는 식이다. 그러면서도 소희는 내가 아이들에게 매를 대지 않는다고 늘 불만이었던 것이다. 소희 말고도 이런 이중적인 태도를 보이는 아이들이 많다.

수업시간에 산만한 아이들을 조용하게 하는 것은 교사의 일이다. 나는 그 일을 비교적 잘하는 편이다. 수업방식을 개선하거나 적절한 대화기술을 사용하면 매를 대거나 화내지 않고도 그런대로 수업을 진행할 수 있다. 문제는 매에 길들여진 아이들이다. 그런 아이들은 매를 대면 쉽게 될 일을 어렵게 말로 하고 있는 교사를 답답하게 여길 수도 있다. 매라는 신호가 오기 전까지는 행동의 변화를 보일 필요를 느끼지 않는 아이들은 매를 대는 것 말고는 달리 도리가 없다. 그러다보면 매가 아니면 안되는 그들의 '병'은 더욱 깊어질 수밖에 없다. 그러면 어떻게 할 것인가? 그 해답을 소희가 내게 알려준 셈이다. 그런 고마운 소희에게 해준 말이다.

"오늘 선생님 정말 행복하다. 이렇게 너의 마음을 표현할 수 있다는 것은 그만큼 네가 착하기 때문이야. 네 마음의 반성도

매를 꺾었다
고통과 공포심으로 아이들을
움직이는 게 싫어서

반성이지만 넌 선생님을 기쁘게 해주려고 그런 거잖아. 넌 선생님이 왜 매를 대지 않나 싶겠지만 만약 내가 매를 댔다면 네가 오늘 나를 찾아와 이런 말을 하지 못했을 거야. 너의 착함이 이렇게 나를 기쁘게 해주지도 못했을 거고. 고맙다."

그날 내가 찾은 해답은 '사랑의 일관성'이다. 아이들이 교사의 인격적인 지도를 낯설어하는 것도 따지고 보면 교사의 사랑에 대한 신뢰가 부족해서 나타난 자연스러운 현상일 수 있다. 그 신뢰를 회복하는 길은 한결같은 마음으로 아이들을 대하는 것, 그뿐이다. 하지만 교사도 감정을 지닌 사람인데 어디 그게 쉬운 일인가? 잘못하면 인간의 자연스러운 감정을 억누름으로써 스트레스만 더 쌓일 수도 있다. 그렇다면 아이들을 한결같은 마음으로 대하면서도 스트레스를 받지 않는 방법은 없을까?

다행히도 나는 꽤 오래전에 그 방법을 터득(?)했다. 그것은 생명은 동일하다는 것, 예쁜 아이든 미운 아이든 그들의 생명 값은 다르지 않다는 것, 그 사실을 마음 깊숙이 받아들이는 것이다. 예쁨도 미움도 다 자신에게서 나온다는 말이 있다. 틀린 말은 아니다. 하지만 그 말이 교사의 입에서 나오는 것은 경계할 일이다. 교사는 그 아이의 용모가 예쁘든 마음이 예쁘든 아이들을 가려서 예뻐해서는 안 되기 때문이다. 왜 안 되는 것일까? 그 이유는 한 아이의 행동은 그 아이가 한 행동이 아닐 수도 있기 때문이다. 그럼 누가 한 행동이란 말인가? 나의 대답은 이렇다.

'그 아이의 DNA가 한 일이다.'

거기에 그 아이가 살아온 환경이 더해져야겠지만. 어쨌거나 인간의 행동이 유전과 환경이라는 두 요인에 의해 결정된다는 것은 누구나 알고 있는 상식이다. 물론 이런 말을 아이들에게 직접 하지는 않는다. 그 말은 곧 자신을 가꿀 필요가 없다는 말로 들릴 수 있기 때문이다. 인간에게는 누구나 얼마만큼의 자유의지가 있다는 점에서도 그렇다. 예쁨도 미움도 자신에게서 나온다는 말 역시 그런 맥락이라면 별문제가 되지는 않을 것이다. 하지만 교사는 학생의 행동거지나 내면의 모습과는 상관없이 그들의 생명을 동일하게 여기는 것이 옳고 당연하다.

누군들 머리가 명석한 사람으로 태어나고 싶지 않겠는가? 누군들 남을 배려할 줄 아는 사려 깊은 사람으로 성장하고 싶지 않겠는가? 진실성이 부족하거나 생각이 짧은 아이들도 그런 자신의 약점을 지적받는 것을 달가워하지 않는다. 그것은 인간이라면 누구나 훌륭하게 성장하고 싶은 욕구가 있기 때문 아닐까. 물론 이런 식의 해석만으로 설명하기 어려운 경우도 있다. 그들은 생의 축복과는 거리가 먼 사람들이다. 그러니 인간성이 나쁘다고 비난하고 저주하는 것은 그들에게 이중의 손해를 끼치는 셈이 된다.

우리 반 아이들과도 많은 우여곡절 끝에 사랑의 신뢰가 조금씩 쌓여가고 있다. 이제는 얼굴만 보아도 행복한 소희의 생일 때 써준 시다. 멋진 경찰공무원이 되고 싶어하는 소희의 꿈이 꼭 이루어졌으면 좋겠다.

나에겐 꿈이 있어요!

"나에겐 꿈이 있어요, 부를 노래도 있죠
어떤 역경도 이겨낼 수 있는⋯⋯"

팝송으로 영어를 배우는 시간
I have a dream!
노랫말을 함께 배우면서
난 줄곧 너를 생각했단다

"때가 왔다는 걸 알게 되면
나는 강을 건널 거예요
내겐 꿈이 있으니까요"

이 가사에 이르러서는
언젠가 네가 꿈을 이루기 위해
강을 건너는 모습을
그려보기도 했지

올림픽 태권도 금메달리스트
어릴 적 그 꿈은 비록 접었지만
영어공부도 열심히 해서
꼭 멋진 경찰이 되겠다고
넌 찔레꽃보다도 더 하얗게 웃으며 말했었지

갈 길이 너무 멀어
어둠 속에서 헤매도
그럴 가치가 있게 만드는
나에겐 그런 꿈이 있다고

꿈을 꼭 이룰 거라고
때가 되면 강을 건널 거라고

생일을 축하한다
너의 새로운 시작을

27

왜 항상 선생님만
옳다고 생각하세요?

반 아이들과 봄소풍을 다녀왔다. 요즘은 소풍이라고 하지 않고 체험학습이란 말을 쓴다. 소풍을 하루 놀러 가는 날 정도로 생각하는 아이들에게 소풍도 교육의 연장이라는 생각을 갖도록 그런 용어를 만들어냈겠지만, 그래도 내겐 소풍이란 말이 더 정감이 간다. 어쨌거나 소풍이든 체험학습이든 잠시 책을 덮고 틀에 박힌 학교의 일상으로부터 벗어날 수 있다는 것만으로도 신나는 일이 아닐 수 없다.

그런데 아이들의 표정을 보면 소풍을 앞두고도 별로 신나 보이지 않는다. 자치활동시간에 소풍계획을 세우고 모둠별로 식단을 짜보라고 해도 잡담하느라 정신이 없거나 심드렁한 표정을 짓고 있거나 둘 중 하나다. 하긴 이미 예상한 일이긴 하다. 예상했다면 그 대책도 마련해놓아야 할 터. 봄소풍을 닷새 앞두고 발행한 우리 학급 '쪽지통신 7호'에는 이런 글이 실려 있다.

4월 16일(금)은 학교 소풍날입니다. 소풍이나 수학여행을 다녀오면 재미가 없었다고 말하는 친구들이 많습니다. 언젠가 야외수업을 한번 하자고 한 것 같은데 소풍날은 하루 종일 야외수업을 하는 셈입니다. 한 시간만 야외수업을 해도 좋은데 하루 종일 하니 얼마나 좋습니까? 소풍날은 친구들과 온종일 잡담을 해도 좋고, 귀에 이어폰을 꽂고 노래를 들어도 누가 뭐라고 야단칠 사람이 없습니다. 이런데도 신나지 않나요?

이번 소풍의 목적은 '자연과 친해지기'입니다. '자연 속에서 행복하기'입니다. 아무리 지위가 높고 돈이 많아도 삶을 즐기지 못하는 사람은 행복한 사람이라고 말할 수 없습니다. 소풍 끝나고 재미가 없다고 하면 그것은 여러분 자신의 책임이란 것을 꼭 명심했으면 합니다. 소풍날 옷을 가장 잘 입고 온 친구에게 시상을 할까 합니다. 부모님을 졸라서 새로 산 유명 메이커 옷이나 학생답지 않은 촌스러운 양장에 하이힐 등은 실격입니다. 집에서 평소 입던 간편한 차림에 자신만의 개성이 돋보이는 옷이 유리합니다. 그리고 쑥을 가장 많이 캔 모둠은 소풍 끝나고 담탱이와 함께 피자 집으로 갑니다.

이런 시상계획을 굳이 세워놓은 것은 부모의 경제력으로 구매한 행복이 아닌, 만인에게 평등하게 주어진 자연이나 소박한 삶으로부터 누릴 수 있는 행복에 대한 감수성을 아이들에게 키워주기 위해서다. 하지만 이렇게 사전 준비를 철저하게 해도 정작 아이들이 신나지 않으면 아무런 소용이 없다. 학생들이 주체가 되어 능동적으로 움직이지 않고 담임 혼자 북 치고 장구 치고 하다보면 똑똑한 아이들에게 이런 말이나 듣기 십상이다.

"왜 항상 선생님만 옳다고 생각하세요?"

언젠가 한 아이로부터 그 말을 들었을 때는 좀 얄미운 생각이

들었다. 딱히 대꾸할 말이 떠오르지 않자 은근슬쩍 화가 나기까지 했다. 아무리 그럴듯한 말로 변명해도 그것은 나 자신이 옳다는 말일 터이니 결국은 그 아이의 말을 입증해주는 셈이 되기 때문이다. 참 고약한 덫에 걸려 며칠을 보내다가 아이가 한 말을 곰곰이 되씹어보았다. 나는 아이들 앞에서 나 자신의 생각만 옳다고 우긴 적이 없다고 강변하고 싶지만, 부지불식간에 그런 생각을 했을 수도 있다. 어른의 생각이 어린 학생들의 생각보다는 더 현명하고 깊은 구석이 있을 거라는 상식에 의존한 지레짐작 속에서 말이다.

어쨌거나 나를 고약한 함정에 빠뜨린 아이 덕분에 그후 아이들을 대하는 나의 태도가 사뭇 달라졌다. 소풍을 하루 앞두고 일정을 마지막으로 점검하면서 아이들에게 다음과 같은 선택의 기회를 준 것도 달라진 모습 중 하나였다.

"내일 시내버스가 호반아파트에서 8시 30분에 출발합니다. 다음 차는 9시 50분입니다. 8시 30분에 차를 타면 9시 40분쯤 목적지에 도착하는데 내일 날씨가 추울 것 같아서 왕복 한 시간 정도 가벼운 산행을 할까 합니다. 만약 그다음 차를 타면 11시쯤 도착하니까 산에 가지 않고 곧바로 모둠별로 쑥을 캐고 난 뒤에 점심을 먹을 것입니다. 어떻게 할까요?"

물어보나 마나 한 질문이었다. 예상했던 대로 여기저기서 다음 차를 타자는 의견이 나왔다. 나는 아이들에게 이렇게 다시 말을 이었다.

"9시 50분에 출발하는 차를 타면 늦잠도 자고 편하긴 하겠는데 너무 무성의한 것 같아서 솔직히 마음에 걸립니다. 그리고 우리가 오를 산은 산이라기보다는 평지에 가까워서 힘들이지 않고도 오를 수 있고 거기까지는 가야 자연 속에 있다가 온 느낌이 들 것 같습니다. 한 시간 정도 몸을 움직였으니 점심도 맛있게 먹을 수 있겠고요. 여러분이 정하는 대로 하겠지만 그냥 편하게만 생각해서 정하지는 말았으면 좋겠습니다."

사실 큰 기대 없이 던져본 말이었다. 그런 까닭에 아이들이 하나둘 긍정의 눈빛을 보이면서 고개를 끄덕이자 나는 내심 놀라고 있었다. 그 놀람은 아이들에 대한 불신에서 온 것일 수도 있기에 코끝이 찡한 반성의 시간이 되기도 했다. 반성의 시간은 곧 성장의 시간이다. 나이를 먹고도 성장할 수 있다는 것은 참 기분 좋은 일이다.

학교의 주인은 학생이다. 이 말을 밥 먹듯이 하면서도 정작 행동은 거기에 미치지 못할 때가 많다. 학생들이 삶을 배워가는 과정으로서의 의미보다는 속전속결로 기성품을 만드는 일에만 혈안이 되어 있는 학교사회에서 교사는 그만큼 운신의 폭이 좁을 수밖에 없다. 하지만 교사들이 그런 열악한 환경을 만드는 데 일조해온 것도 부인할 수 없는 사실이다.

언젠가 교무실 책상에 앉아 인터넷으로 영자신문을 보고 있는

데 한 아이가 교무실에 왔다가 나를 보더니 이렇게 말을 걸었다.

"선생님 지금 뭐 하세요?"

"응. 영어공부해."

"예? 선생님도 영어공부하세요?"

"당근이지."

"선생님이 왜 영어공부를 해요?"

"왜 영어공부를 하느냐니? 영어 선생이니까 영어공부를 하는 거지?"

"선생님 영어 잘하시잖아요?"

"나 영어 못해."

"말도 안 돼요."

정말 말도 안 된다고 생각하는지 아이는 이해할 수 없다는 표정을 지으며 교무실을 나갔다. 아이의 표정을 보자 빙그레 웃음이 나왔다. 한데 웃음 끝에 문득 이런 생각이 들기도 했다. 혹시 이 아이는 교사를 성장을 멈춘 존재로 알고 있는 것은 아닐까? 나 스스로 아이들에게 그런 모습을 보여온 것은 아닐까? 그럴 법도 하다. 교사는 성장할 필요가 없는 완성된 존재라는 인식이 나도 모르게 자리 잡고 있었을 수도 있다. 그러니 앞으로도 정신을 놓고 지내다보면 언제 다시 이런 말이 날아올지도 모를 일이다.

"왜 항상 선생님만 옳다고 생각하세요?"

28

그 아이는 왜
벌을 토막 내 죽였을까?

얼굴이 예쁘장한 아이가
손톱깎이로 벌을 토막 내면서
예쁜 웃음을 흘리고 있다.

화들짝 놀란 나는
죄 없는 벌에게 무슨 짓이냐고

너도 한번 당해보라고
손등을 가볍게 꼬집어주었다.

그랬더니
살벌한 아이 왈,

–내가 벌보다 못하단 말예요?

장난삼아 벌을 죽인 벌로
손등을 가볍게 꼬집힌 것이
그렇게도 억울했을까?

아이는 분이 풀리지 않은 얼굴로
수업시간 내내
나를 쏘아보고 또 쏘아보았다.

아이의 싸늘한 눈빛을 받으며
나는 문득 궁금해졌다.

인간이 벌보다 나은 게 뭐지?

_졸시 「살벌한 아이」

언젠가 수업시간에 있었던 일을 그려본 것이다. 이 시를 그 '살벌한 아이'에게 보여주면 어떤 반응을 보일지 자못 궁금하다. 생각해보면 억울해하는 아이의 마음이 이해가 되기도 한다. 아이는 벌을 토막 내서 죽였고, 나는 아이의 손등을 가볍게 꼬집었을 뿐이지만, 아이의 처지에서는 자기를 벌보다 못한 존재로 취급했다고 오해할 수도 있을 테니까.

우리는 흔히 '벌레만도 못한 인간'이라는 말을 하곤 한다. 인간성이 나쁘고 이웃에게 해가 되는 사람을 그렇게 부른다. 하지만 이것은 인간을 모욕하는 말이기 이전에 벌레를 모욕하는 말이다. 땅속을 기어다니는 지렁이가 인간에게 이로운 존재라는 것은 다들 알고 있는 상식이다. 그런데도 '벌레'라는 말을 해롭고 가치 없는 인간에 대한 비유로 사용하고 있으니 벌레의 처지에서는 이보다 더 화나고 억울한 일도 없을 것이다.

하물며 벌이랴. 벌이 누구신가. 사람에게 맛있는 꿀을 제공해주는 이가 아니신가. 어디 그뿐인가. 벌은 암꽃과 수꽃을 찾아다니며 꿀을 퍼나르지만, 식물은 이 벌을 통해 수정이라는 중요한 목적을 달성하게 된다. 말하자면 종족번식을 위해서 꿀을 분비하여 벌에게 주는 것이다. 하지만 이상기온으로 갑자기 날씨가 추워지면 식물은 꿀을 분비하지 못한다. 그리고 식물이 꿀을 분비하지 못하면 종족번식이 불가능하여 생산을 포기해야 하는 재앙으로 다가오는 것이다.

사정이 이런데도 인간은 만물의 영장이며 자연을 지배할 수 있는 특권을 지닌 선택받은 종이라는 일반의 상식은 인간 중심의 유치한 생각에 지나지 않는다. 얼굴이 예쁘장한 아이가 예쁜 웃음을 흘리며 손톱깎이로 죄 없는 벌의 몸뚱이를 토막 낼 수 있는 것도 바로 그런 편협한 인간 중심의 사고에서 나온 행동일 수 있다. 물론 그런 생각이 그 아이의 내부에서 생겨난 것은 아닐 터. 그렇다면 아이를 나무라기만 하기보다는 그가 인간 중심의 세계관에서 벗어날 수 있도록 도와주는 것이 중요하다.

지리산 주변 산기슭의 옛길을 묵언으로 걷는 생명평화결사에서 주관한 프로그램에 다녀온 한 시인이 인터넷 문학카페에 남긴 글의 한 부분이다.

묵언은 물론 말을 하지 않는 것인데 그것은 여러 의미를 담은 행위였다. 우선 말을 하는 행위는 나를 드러내는 것이며, 말하는 동안은 내가 중심에 있고 말을 듣는 타자는 나의 대상이 되는 것이 일반적이다. 그러나 말을 하지 않으면 주변의 모든 소리가 중심이 되고 나는 주변에 놓이는 하나의 대상이 된다. 그러하니 말없이 숲길을 걷는 것은 내 스스로를 내려놓고 풀벌레며 새며 짐승 들이며 바람이며 계곡물이며 모든 소리의 주인공인 자연을 중심에 놓아보자는 의도인 것이다.

글쓴이의 말을 빌리자면 그동안 인간은 자연을 개발이나 착취의 대상으로만 생각했지 내 생명의 동반자라는 의식은 거의 무시해왔다. 하지만 인간 중심의 사고에서 조금만 벗어나면 자연은 생명의 동반자뿐 아니라 생명의 근원이고 생명 그 자체라는 사실을 알 수 있다. 어떻게 생각해보면 굳이 강조할 필요조차 없는 당연한 말이다. 하지만 그 당연한 지식이 일부 생태주의자들의 아름다운 이상이나 비현실적인 망상으로만 치부되고 있는 것이 우리의 현실이다.

그 아이는 왜 벌을 토막 내 죽였을까? 우선 아이는 벌이 예쁜 웃음을 머금고 토막을 내어 죽여도 상관없을 만큼 하찮은 미물이라고 생각했을 법하다. 또 한 가지 이유를 생각해보자면 아이가 벌을 죽인 것은 아이의 내부에 존재하는 분노의 에너지 때문일 수도 있다. 다음은 코이케 류노스케의 『화내지 않는 연습』(양영철 옮김, 21세기북스)에 나오는 대목이다.

> 살아 있는 생물을 죽이지 않는다는 강력한 자기 규칙이 있어야 한다는 데에는 그만한 이유가 있다. 생명을 죽이는 행동에는 매우 강렬한 분노의 에너지가 필요하기 때문이다. 상대가 사람일 경우, 특히 강렬한 분노의 에너지가 필요하다는 사실은 쉽게 공감할 수 있다. 그러나 상대가 모기나 바퀴벌레여도 마찬가지이다. 이 경우에도 '정말 싫어. 거슬려. 저런 벌레는 죽여 없애야 돼! 아니, 죽는 게 마땅해!' 라는 분노의 에너지가 활성화된다.

아이가 토막 내어 죽인 것이 모기나 바퀴벌레가 아닌 인간에게 유익을 주는 벌이라고 해도 아이는 자신의 분노 에너지를 해소하기 위한 희생양으로 벌을 선택했을 수 있다. 만약 그렇다면 아이의 마음에 자리한 분노를 없애줄 수는 없을까? 있다. 가령 아이가 자연과 친해질 수 있는 환경을 만들어준다든지, 이를 위해 학교를 지금의 경쟁체제에서 협동체제로 전환한다든지 하는 것도 좋은 처방이 될 것이다.

하지만 이것은 중장기적인 전망을 가지고 연대의 틀 속에서 함께 머리를 맞대고 도모해야 할 일이다. 그렇다면 지금 당장 혼자서 할 수 있는 일은 없을까? 있다. 아이들을 사랑하는 것. 비록 벌을 토막 내어 죽인 고약한 아이라도 분노보다는 자비와 연민으로 아이를 대하는 것. 그리하여 아이의 삶이 분노보다는 사랑에 더 많이 노출되게 하는 것. 아이들이 우리 어른들을 통해 사랑의 기쁨을 배우며 성장하게 하는 것.

29

미워하지 않고 기다리는 것도 하나의 기술이다

기말고사 마지막 시험 감독을 끝내고 막 교실을 나가려는데 세원이가 급하게 내 팔을 붙잡더니 이렇게 물었다.

"선생님, 제 성적이면 간호대 갈 수 있어요?"

"간호대 가고 싶어? 너 간호사가 되고 싶구나."

일단 이렇게 대꾸를 해놓고 잠시 호흡 조절을 했다. 세원이가 내게 그런 질문을 던지리라고는 상상도 못 했기 때문이었다. 자신의 진로에 대해서 질문을 던진 것도 그렇거니와, 매사에 충동적이고 철부지 같던 아이가 대학 진학에 대한 고민을 하고 있었다는 사실 자체가 신선한 충격으로 다가왔다.

세원이의 가장 큰 장점이라면 눈에 기쁨이나 열정이라고 말할 수 있는 환한 기운이 가득 들어차 있다는 것이다. 기분이 좋은 날은 수업시간 내내 그런 눈빛을 보여주기도 했다. 문제는 그런 눈빛이 수업에 반응하면서 나타나기도 하지만 그보다는 휴대폰을 만지작거리거나 남자친구에게 몰래 편지를 쓰면서 더 많이 작열한다는 사실이다.

그런 일이야 귀엽게 봐주거나 애정을 가지고 주의를 주면 될 일이다. 하지만 가끔은 허망한 생각이 들 때도 있다. 세원이는 감정의 기복이 심하고 자신이 하고 싶은 일은 꼭 해야 직성이 풀리는 아이다. 행여나 그것이 나쁜 버릇으로 자리 잡지 않을까 염려해 어쩌다 한 번 언성을 높인 일로 토라져서는 며칠째 눈길조차 주지 않은 적도 있다. 그럴 때는 오랫동안 쌓아온 성이 한순간에 와르르 무너지는 기분이다. 하지만 그때마다 화해의 손길을 먼저 내민 것은 내 쪽이었다. 그것이 조금은 억울하기도 하고 한편으로는 세원이가 좀더 성숙해주기를 바라는 마음에서 넌지시 이런 질문을 던져보기도 했다.

"너 부부싸움하면 누가 먼저 사과하는 줄 알아?"

"우리 엄마 아빠는 부부싸움 안 하는데요."

"어, 그래? 그럼 좋은 일이지."

"근데 그건 왜 물으신 건데요?"

"응. 만약 엄마 아빠가 부부싸움을 한다면 누가 먼저 사과하는지 물어보려고 그랬지."

"아빠가 먼저 사과해요."

"엄마 아빠 부부싸움 안 하신다며?"

"제가 언제요? 아, 그랬지. 어쩌다 한 번씩은 해요."

"근데 아빠가 왜 먼저 사과하시는 것 같아?"

"아빠가 엄마보다 성격이 좀 좋아요."

아이의 말을 듣자, 잠시 길을 잃고 헤매던 대화가 비로소 제 길로 들어선 것 같았다. 나는 한 번 더 심호흡을 한 뒤에 이렇게 말을 이었다.

"성격이 좋다는 말은 성숙하다는 말도 되겠지. 부부싸움을 하면 성숙한 사람이 먼저 사과하는 거야. 그래서 선생님이 먼저 너에게 사과한 거야. 선생님이 너보다 어른이니까. 너보다 성숙한 사람이니까. 다음엔 네가 먼저 사과해. 선생님은 어른이지만 지금도 성숙해지려고 노력하고 있어. 넌 나보다 두 배 세 배 더 노력해야 하잖아? 넌 아직 어른이 아니니까. 앞으로 더 많이 성숙해져야 하니까. 네가 아직 한참 부족하다는 것은 알고 있지?"

이런 말에 기분 나빠하는 아이는 없다. 하지만 나는 나대로 할 말을 다한 셈이다. 만약 내 안에 아이에 대한 미움이 자리 잡고 있다면 이런 식으로 말이 곱게 나오지는 않았을 것이다. 아이를 미워하지 않는 것도 어찌 보면 하나의 기술이다. 여기서 기술이란 곧 전문성을 의미한다. 정신과 의사가 정신질환자에게 화를 내지 않는 것은 사랑이 많아서가 아니라 전문가이기 때문이다. 어떤 경우에도 아이를 미워하지 않고, 아이에게 도움이 되는 말을 해주는 것은 그런 의미에서 대단한 일이 아닐 수도 있다. 교사가 교육전문가라면 그것은 당연한 일이다.

아이들과의 만남(혹은 싸움)은 단거리가 아닌 장거리 경주라는 생각이 들 때가 많다. 감정을 다 쏟고 난 뒤에 허탈해하기보다는 속도를 조절해가며 다음 기회를 엿보는 것도 하나의 지혜이다. 그러다보면 생각보다 빨리 아이들 스스로 제 길을 찾아가는 것을 볼 수 있다. 막 절망이 찾아올 무렵 어둡고 긴 터널이 끝나고 앞이 환해져오는 것이다. 정말 세원이와 이런 대화를 할 수 있으리라고는 상상조차 못 했다.

"간호사가 되고 싶다는 생각은 오래전부터 했어요. 그런데 제 실력이……"

"그래. 간호대학에 들어가려면 수능도 준비해야 하고 수시로 가려고 하면 성적이 아주 좋아야 하는데."

"물리치료과는 어때요, 선생님?"

"물리치료과도 좋지. 그런데 간호과든 물리치료과든 들어가는 것도 문제지만 대학에 들어가서 공부를 열심히 해야 해. 학교에서 배워야 할 과목이 만만치가 않거든. 처음에는 어려워 보여도 인내심을 갖고 하다보면 흥미가 생기는 법인데 넌 하기 싫은 것은 죽었다가 깨어나도 안 하잖아?"

그 말에 고개가 끄덕여진 것을 보면 녀석도 자신의 단점을 알고 있는 것이 분명하다. 하지만 그것을 순순히 인정한 것은 어디까지나 내가 연출한 '타이밍' 효과 때문이지 싶다. 같은 내용이라도 아이를 교무실로 데려와 잘못을 나무라면서 그런 말을 던졌다면 상황은 180도 달라졌을 것이다. 그런 간단한 이치를 알면서도 마음을 바꾸기가 쉽지 않은 것은 아이에 대한 미움을 어찌할 수 없기 때문이다.

하지만 미움도 하나의 심리적인 현상이라 기술적으로 제어할 수 있다. 미움이 생기는 곳은 마음이지만 지성(머리)으로 미움을 약화시키는 것이다. 물론 말처럼 쉬운 일은 아닐 것이다. 하지만 이런 불가능해 보이는 일에 대한 도전과 꾸준한 연습을 통해서 교사는 성장하고 단련된다. 그 성장을 위한 노정이 험난한 것만은 아니다. 아이들과의 행복한 소통을 위해서는 느긋할 필요가 있다. 가장 좋은 타이밍이 올 때까지 분노와 미움을 내려놓고 기다릴 수 있어야 한다. 엉킨 실타래처럼 난해해 보이는 인간관계도 이런 단순한 지혜를 체득하기만 하면 쉽게 풀어갈 수 있다. 그날 우리의 대화는 이렇게 갈무리되었다.

"이제 네 마음을 더 키우면 돼. 하고 싶은 것만 하고 하기 싫은 것은 하지 않으려는 것은 아직 네 마음이 어리기 때문이야. 어린 것이 나쁜 것은 아니지. 유치원생이 유치한 것은 나쁜 것

이 아니잖아. 하지만 넌 고등학생이고, 고등학생으로서 마땅히
지녀야 할 그런 것이 네게 없다면 누구보다도 네가 힘들어져.
또 대학에 가면 하기 싫은 과목도 열심히 공부해야 하는데 유치
원생이 반찬 투정하듯이 공부하기 싫다고 짜증이나 내면 곤란
하잖아. 간호사가 되겠다는 네 꿈을 이룰 수도 없고 말이야."

"전 제 꿈을 꼭 이룰 거예요."

"당근이지."

세원이와 헤어져 복도를 걸어 나오면서 마치 영화필름이 지
나가듯 아이와 있었던 지난 일들이 머리를 스쳐 지나갔다. 어쩌
면 오늘 있었던 일도 그 많은 필름 중 한 장면에 불과할 수도 있
으리라. 백 번 잘해주다가 한 번 잘못하면 언제 그런 일이 있었
느냐는 듯 모든 것이 다시 원점으로 되돌아가는 허망한 일을 또
당할 수도 있다. 그렇다 하더라도 오늘은 오늘의 성과에 만족하
고 기쁨을 맘껏 누리고 싶다. 아직 오지도 않은 내일 일로 스트
레스를 받고 싶지는 않다. 오늘의 수고는 오늘로 족하다.

30

반장 아이는 왜
수업시간에 괴성을 질렀을까?

_인간을 이해하면 학생도 이해하게 된다

다른 학생도 아니고 학급 반장이라는 녀석이 수업시간에 자주 책상에 엎드려 있거나 산만한 태도를 보이면 수업하기가 참 난감해진다. 그런 경우 대개는 이런 식으로 훈계를 늘어놓는다.

"너는 반장이 돼가지고 수업태도가 그게 뭐냐? 반장이면 네가 먼저 모범을 보여야지."

이 정도면 사실 훈계가 과한 편은 아니다. "죄송합니다!" 하고 자신의 잘못을 순순히 인정하고 곧바로 태도를 고치면 그만이다. 그런데도 교사의 훈계나 충고를 순순히 받아들이지 못하고 뭔가 불만스러운 표정을 짓는 아이들이 문제다. 심지어는 이런 식으로 항명(?)을 하는 아이도 있다.

"반장이라고 꼭 모범을 보여야 한다는 법이 어디 있습니까?"

그 법은, 말하자면 불문법이니 그 아이의 눈앞에 들이밀 수도 없는 노릇이다. 해서 이런 식으로 대거리를 하고 만다.

"그럼 보통 애들만큼은 해야지. 넌 그 정도도 못되잖아!"

그후의 그림은 안 봐도 뻔하다. 숫제 볼썽사나운 닭싸움이 되기 십상이다. 싸움이 격렬해지면 누가 이기고 지고가 없다. 이겨도 상처가 생기기 마련이니까. 더욱이 교사와 학생이 맞붙으면 교사는 싸움의 승패와는 상관없이 비참한 꼴이 되고 만다. 그러니 웬만하면 그런 상황을 만들지 않는 것이 상책이다.

한번은 이런 일이 있었다. 위에 예시한 전형의 한 아이에게, 역시 예시한 수준의 과하지 않은 훈계를 주고 난 뒤였다. 한참 수업을 하고 있는데 느닷없는 괴성이 들렸다. 진원지를 확인해 보니 반장 아이였다. 한 번은 그냥 넘겼다. 그런데 불과 몇 분이 지나지 않아 다시 괴성이 들렸다. 그 괴성을 풀어보니 이런 문맥이었다.

"너 조용히 안 해!"

반장이 떠드는 아이들에게 소리를 지른 것이다. 그 소리가 너무 커서 내 귀에는 괴성처럼 들린 것이다. 나는 웃음이 나오기도 하고 조금은 화가 나기도 해서 반장 아이를 앞으로 불러냈다.

"너 선생님한테 불만 있니?"

"(큰 소리로) 없는데요."

"그럼 왜 그렇게 소리를 지르고 그래?"

"(외치듯이) 애들이 떠들어서 조용히 하라고 했는데요."

"너 지금 나한테 시위하는 것 같은데?"

"(괴성에 가깝게) 아닌데요."

"아니긴 뭐가 아니야. 지금도 너 소리 지르고 있잖아."

"(더욱 큰 소리로) 아닌데요. 애들 못 떠들게 하라면서요?"

"그렇다고 그렇게 수업에 방해될 만큼 소리를 지르면 안 되지."

"(심하게 몸을 떨면서) 조용히 말하면 애들이 제 말 듣는 줄 아세요?"

"네가 먼저 모범을 보여야 애들도 말을 듣지. 큰 소리만 친다고 말을 듣는 건 아니잖아. 아마 선생님이 네 자존심을 건드려서 그런 것 같은데 그랬다면 내가 사과하마. 선생님도 화가 나서 말을 함부로 했을 수도 있어. 진심이야. 선생님이 학생에게 사과하는 것 쉬운 일 아니야. 내 사과를 받아주고 자리에 들어가거라. 그리고 지금은 생각하지 말고 나중에 혹시 너도 선생님에게 사과할 일이 있으면 사과해. 알았지?"

반장 아이는 나에게 손을 잡힌 채 아무 말이 없었다. 나는 전체 아이들을 향해서 이렇게 말했다.

"반장 하기가 쉬운 게 아니야. 너희들이 반장을 도와주어야지. 알았지?"

"예."

대답하는 아이들의 목소리에 진실함이 묻어 있었다. 나를 바라보는 눈빛도 달라 보였다. 그다음 날 수업시간에 반장이 보이지 않았다. 대신 부반장이 자리에서 일어서며 이렇게 말했다.

"반장이 선생님께 사과하고 싶다고 꼭 말씀드려달라고 했어요."

"오늘 반장 결석한 거야?"

"병원에 입원했어요. 본래 몸이 안 좋아요. 어제도 몸상태가 안 좋아서 그랬다고, 선생님께 꼭 죄송하다고 전해달라고 했어요."

나중에 확인해보니 반장 아이는 자율신경과 관련된 선천적인 심장질환을 앓고 있었다. 가끔 수업시간에 엎드려 있던 것도 바로 그 이유 때문이었다. 사실 그날 먼저 사과할 생각을 한 것도 아이의 상태가 심각해 보였기 때문이지만 그 정도인 줄은 몰랐다. 그 심각한 상태를 교사에 대한 반감의 크기로 오해하여 아이를 몰아세우거나, 아이의 불손한 행동으로 인해 다친 교사의 자존심을 먼저 챙기려 했다면 사태는 더욱 악화되었을 것이 분명하다.

다행히도 교사인 나 자신보다는 아이에게 집중하여 한 호흡을 쉴 여유를 가진 것은 잘한 일이다. 이런 경험을 통해서 나는 아이들을 더욱 신뢰하게 된다. 학생들과의 관계가 피상적인 수준에서만 머물다보면 그들에 대한 믿음을 갖기 어려울 수 있다. 아이들은 자기를 믿고 사랑하는 사람에게만 자신의 참 모습을 드러내기 때문이다. 흔히 아이들에게 잘해주면 머리 꼭대기에 올라앉는다는 말을 하는데, 맞는 말일 수도 있다. 하지만 그들을 머리 꼭대기에서 내려오게 하는 것도 교사의 일이다.

만약 내가 인간에 대한 이해나 신뢰가 부족했다면 반장 아이에게 선뜻 사과하기가 어려웠을 것이다. 흠 없는 인간이 없듯이 흠 없는 아이는 없다. 또한 진실 없는 인간이 없듯이 진실 없는 아이도 없다. 이것은 30년 가까운 내 교직 경험을 통해 얻은 소중한 믿음이다. 한 아이를 진정으로 사랑할 수 없는 내 인격의 결함이 문제가 될지언정 사랑의 세례를 받은 아이가 그 사랑을 배반한 경우는, 내 교직생활을 통틀어 단 한 명도 없었다.

다만 연습을 위한 시간이 필요했던 것은 사실이다. 진실의 연습이랄까. 그 연습과정에서 몇 차례 거짓말을 하고 다소 실망스러운 행동을 한 것은 그다지 중요하지 않다. 그것을 배신행위로 여기는 것은 인간에 대한 이해가 부족한 탓이다. 인간은 누구나 실수하고 연습을 필요로 하기에 인간이다. 교사도 시행착오와 연습을 통해서 단련된다.

아동기나 청소년기에 속하는 아이들은 미숙함이 정체성이라고도 말할 수 있다. 실수와 미숙함을 통해서 성장하는 것은 그들이 정상적으로 잘 자라고 있음을 보여주는 셈이다. 또한 아이들은 제각기 다르고 개인차가 있기 마련이다. 학교에서 일어나는 많은 일들은 그런 다름과 차이 때문에 발생한다. 인간을 이해하면 학생도 이해하게 된다.

31

사막과 아버지,
그들이 아름다운 것은

　요즘 영문판 『어린왕자』에 푹 빠져 있다. 프랑스의 조종사이자 작가로 유명한 생텍쥐페리의 『어린왕자』를 처음 접한 것은, 그때가 초등학교 시절인지 중고등학교 시절인지 기억이 가물가물할 정도로 꽤 오래전 일이다. 하지만 정작 『어린왕자』를 눈을 반짝이며 가슴으로 읽기 시작한 것은 어른이 다 되어서의 일이다. 이태 전인가는 도서관에 들렀다가 우연히 눈길에 닿아 책을 단숨에 읽어버린 기억도 난다.

　언젠가 『어린왕자』 23장을 읽다가 내가 만약 대통령이라면

나라의 교육을 책임질 장관을 뽑을 때 『어린왕자』를 읽고 독후
감을 써보라고 주문하고 싶다는, 그야말로 동화 같은 생각을 해
본 적이 있다. 바로 이런 대목에서였다.

"안녕." 어린왕자가 말했다.

"안녕." 점원이 말했다.

그의 직업은 갈증을 덜어주는 알약을 파는 일이었
다. 일주일에 알약을 하나만 먹으면 물을 더이상 마
시지 않아도 된다는 것이었다.

"왜 이 약을 팔아요?" 어린왕자가 물었다.

"시간을 많이 절약해준단다. 전문가들이 계산한
바로는 물을 마시지 않으면 일주일에 오십삼 분을 절
약할 수 있다는 거야."

"그럼 그 오십삼 분으로 무엇을 해요?" 어린왕자
가 다시 물었다.

"하고 싶은 중요한 일을 하지."

'만약 내게 오십삼 분이 남는다면 아주 천천히 샘
으로 걸어갈 텐데'라고 어린왕자는 생각했다.

미국 오바마 대통령이 교육열을 부러워한다는 우리나라에는 시간을 절약하기 위해 책을 읽지 않고 누군가 써놓은 독후감을 읽는 아이들이 많다고 한다. 물론 그들이 원하고, 그들의 부모가 더 강렬하게 원하는 이른바 '좋은' 대학에 가기 위해서다. 사실은 그런 '꼼수'로 좋은 대학을 가는 것이 현실적으로 쉽지 않은데도 말이다. 하긴 이제 그 좋은 대학도 대학의 본분인 학문과는 거리가 멀어진 지는 이미 오래이니 이런 말들이 다 허망할 뿐이지만.

생텍쥐페리의 『어린왕자』는 삶에 대한 참된 인식과 생명에 대한 연민이라는 두 개의 주제가 씨줄과 날줄로 교차한다. 나이를 먹어가는 탓인지 이번 『어린왕자』와의 만남에서는 약한 존재에 대한 지극한 애정과 연민이 가득 스민 7장과 마지막 장에 눈길이 오래 머물렀다.

사하라 사막에 불시착한 지 닷새째가 되는 날 소설의 1인칭 화자인 '나'는 고장 난 비행기를 고치느라 여념이 없다. 하지만 한번 질문하면 그냥 넘어가는 법이 없는 어린왕자는 그의 사정을 아랑곳하지 않고 자꾸 질문을 던진다. 지금은 중요한 일을 하고 있으니 제발 그만 좀 하라는 식으로 얘기하자, 어린왕자는 슬픔을 토하듯이 이렇게 항변한다.

내가 유별난 꽃을 알고 있다고 쳐봐. 오직 내 별에만 있고 세상 어디에도 존재하지 않는 꽃이야. 그런데 어느 날 아침에 어린 양이 그 꽃을 단 한 입에 먹어치울 수도 있어. 아무 생각 없이 말이야. 이게 중요한 일이 아니야? 어떤 소년이 어떤 꽃을 사랑한다고 상상해봐. 수백만 다른 별 어디에도 그런 꽃은 단 하나도 없다고 상상해봐. 그러면 그 아이는 별들을 바라보며 행복해할 거야. "내 꽃이 저기 어딘가에 있어"라고 중얼거리겠지. 하지만 양이 그 꽃을 먹어버리면 어떻게 되겠어? 그 소년은 별빛이 모두 사라져버린 것처럼 느낄 거야. 그런데 그게 중요하지 않다고?

나는 이 글을 읽다가, 가당치 않게도 내가 어린왕자이고 꽃이 학교에서 만나는 아이들이라고 가정해보았다. 그리고 어느 한 대목을 다음과 같이 윤색해보았다.

내가 유별난 아이를 알고 있다고 쳐봐. 오직 내 학

교에만 있고 세상 어디에도 존재하지 않는 아이야. 그런데 어느 날 잘못된 교육으로 그 아이를 망칠 수도 있어. 아무 생각 없이 말이야. 이게 중요한 일이 아니야?

『어린왕자』를 읽으면서 이런 생각을 하는 것을 보면, 나는 교사라는 굴레를 벗어나기 어려운 모양이다. 언젠가는 다음과 같은 영어문장을 아이들에게 소개해주기도 했다.

What makes the desert beautiful is that somewhere it hides a well.
사막이 아름다운 것은 그 어딘가에 우물을 감추고 있기 때문이야.

칠판이 가득 채워질 만큼 큰 글씨로 영어문장과 우리말 해석을 함께 써놓은 뒤 아이들의 표정을 살펴보았다. 아이들의 반응은 시큰둥했다. 잠시 시간이 흐르기를 기다렸지만 표정 변화는 없었다. 뭔가 감이 잡히기는 해도 표현력이 부족한 것인지, 아니면 아예 그런 감조차 없는 것인지 사뭇 시간이 흘러갔지만 아무도 입을 여는 아이가 없었다. 그렇다면 아이들이 이해할 수 있는 언어로 바꾸어주는 것이 교사인 내 몫이다.

"우리 경희가 어떤 남자를 사귀고 있다고 해봐. 지금 말고 조금 더 커서. 그런데 그 남자가 겉보기에 좀 형편없는 거야. 사막처럼 황폐한 느낌이 든다고나 할까? 누가 봐도 썩 마음에 내키지 않는 그런 남자인데 우리 경희는 그 사람과 꼭 결혼을 하겠다는 거야. 왜 그랬을까? 그 이유는 경희가 그 남자의 내면의 아름다움을 알고 있었기 때문이지. 마치 사막에 감추어진 우물처럼 말이지. 우물이 있으면 살아갈 수 있잖아. 그 우물은 사랑일 수도 있고 진실일 수도 있어. 겉보기는 멀쩡한데 그 안에 생명의 우물이 없는 그런 사람도 많잖아. 그런 사람하고 사는 것은 어떤 기분일까? 살아봐야 알겠지만 그땐 이미 늦은 거잖아. 그러니까 지금부터 사람 보는 눈을 키워야겠지. 비록 외모는 보잘것없어도 가슴 어딘가에 우물을 감추고 있는 그런 사람을 찾기 위해서는 말이지."

말을 마치자 아이들이 고개를 끄덕였고 눈이 빛나기 시작했다. 그중에는 몇 해 전 교통사고를 당한 뒤에 그 후유증과 생활고로 인해 술을 자주 마시게 된 아버지와의 갈등으로 아픔을 겪고 있는 아이도 눈에 띄었다. 그 아이를 생각하며 이렇게 다시 입을 열었다.

"선생님은 사랑 욕심이 많은가봐. 난 여러분을 많이 사랑해 주고 싶고 또 사랑도 받고 싶은데 그게 여러분이 아버지나 어머니를 생각하는 것에 비하면 아무것도 아닌 것 같거든. 아버지가 직업도 변변치 않고 술도 많이 드시고 해서 원망을 하면서도 아버지에 대한 사랑이 선생님에 대한 사랑보다 훨씬 더 깊은 것 같단 말이지."

"그거야 당연하죠."

바로 그 아이였다. 뜻밖의 반응에 순간적으로 일말의 섭섭함이 느껴질 만큼 아이의 표정은 단호했다. 물론 그런 섭섭함이 안도의 마음으로 뒤바뀐 것은 순식간의 일이었지만. 나는 그날 이렇게 이야기를 갈무리했다.

"사막이 아름다운 것은 그 어딘가에 우물을 숨기고 있기 때문이라고 했지요? 어려운 현실 때문에 비록 사막처럼 메마른 모습을 하고 있어도 누구보다 내 아버지가 아름다운 것도 그 어딘가에 나에 대한 사랑을 감추고 있기 때문이지요. 아무리 세상에서 잘나가는 사람이라고 해도, 아무리 돈이 많은 사람이라고 해도 내 아버지를 그 사람과 바꿀 수 없는 것은 그래서 너무도 당연한 일입니다. 당연한 일이고말고요."

32

시나브로 시나브로
변해가는 아이들

　가을에는 조금 일찍 집을 나선다. 가을이 오다가 길을 잃은 모양인지 며칠째 찜통더위가 계속되고 있지만 이른 아침 거리는 제법 바람이 선선하다. 사실은 학기 초라 처리해야 할 업무가 많아 출근을 조금 서둘렀던 것인데 뜻밖에도 실종된 가을과 해후하게 된 것이다. 집에서 학교까지는 걸어서 십 분 거리다. 산책하듯 시나브로 걸어도 이십 분이 채 걸리지 않는다.

　학교가 언덕 위에 있어서 오르막길이 만만치가 않지만 폐부 깊숙이 가을을 들이마시면 5층 교무실에 당도할 때까지 마음의

고요함을 유지할 수 있다. 교사인 나에게 마음의 평정은 매우 중요하다. 특히 불쾌지수가 높아지는 여름철에는 더욱 그렇다. 더운 날씨에 몸과 마음이 지치다보면 별일이 아닌데도 아이들에게 마구 화를 내기 십상이다.

얼마 전 영어 특별보충반 아이들을 지도하고 있을 때의 일이다. 아이들의 행동거지가 어찌나 산만한지 정신을 차릴 수가 없었다. 어쩌다 아이들이 이렇게 되었을까 싶을 정도였다. 영어는 고사하고 우리말로 소통하는 것조차 쉽지 않아 거의 1분 간격으로 숨 고르기를 하다가 끝내는 화를 버럭 내는 일이 매일 같이 반복되고 있었다. 사나흘을 그렇게 보내다가 안 되겠다 싶어 느닷없이 아이들에게 이런 제안을 했다.

"내일부터 여러분에게 화를 내면 벌금으로 만원을 내겠습니다."

아이들의 시선을 제압한 것은 그때가 처음이었던 것 같다. 어쨌거나 나는 아이들과의 약속을 지키기 위해, 아니 아까운 돈이 지갑에서 빠져나가는 것을 막기 위해 부지런히 머리를 굴려야만 했다. 그 덕분에 그해 나는 아이들의 열화 같은 기대를 저버리고 벌금은 고사하고 아주 즐겁고 여유만만하게 영어 특별보충수업을 마칠 수 있었다.

내가 아이들에게 사용한 방법은 '시나브로'였다. '시나브로'란 말을 인터넷 국어사전에서 찾아보니 '모르는 사이에 조금씩 조금씩'이라고 나와 있다. 이런 재미있는 예문도 눈에 띄었다.

> • 바람은 불지 않았으나 낙엽이 시나브로 날려 발밑에 쌓이고 있었다.
> • 그는 아내 몰래 시나브로 써버린 돈을 물어 넣는 데 1년이 걸렸다.
> • 도저히 가망 없어 보이던 방죽 쌓는 일이 시나브로 시나브로 이어져가더니 마침내 완성의 날이 온 것이다.

출석을 부르면 아이들은 곧장 대답하지 않고 한참이나 해찰을 하다가 시나브로 대답을 한다. 그것이 하도 답답해 울화가 치민 것인데, 나도 아이의 이름을 불러놓고 한참 해찰도 하고 시나브로 대응했더니 아무런 문제가 없었다. 아이들도 시나브로, 시나브로 변해가기 시작했다. 어차피 반응속도가 느린 아이들인데 다그친다고 될 일이 아니라면 그들의 느린 반응속도를 정상적인 것으로 받아들이면 될 일이었다.

그다음 해에도 나는 영어 특별보충반을 맡았다. 그때 만난 아이들에게는 화를 내면 벌금을 내겠다는 말을 하지 않았다. 떠들어야 화를 내든지 말든지 할 텐데 교실에 들어서기가 무섭게 책에 코를 박고 있는 아이들에게 그런 말을 할 기회가 없었다. 무엇이 달라진 것일까, 하고 곰곰이 생각해보니 변한 것은 아이들이 아니라 바로 나 자신이었다.

조금 유치한 방법 같아 보이지만 아이들이 문제를 풀 때마다 다가가서 얼른 동그라미를 쳐준다. 틀린 문제는 어디가 틀렸는지 말해주고 다시 풀게 한 뒤에 맞는 답을 써놓으면 또 얼른 동그라미를 쳐준다. 동그라미의 위력은 정말 대단하다. 공부하고는 담을 쌓고 사는 아이도 내 옷소매를 붙잡고 그런 난리가 없다. 머리를 쓰고 눈높이를 조금만 낮추면 이런 기적 같은 일이 일어난다.

정규 영어 수업시간에도 나는 마음씨 좋은 동네 엿장수 아저씨처럼 학생들에게 후한 점수를 준다. 매시간 퀴즈놀이를 하는데 누구라도 풀 수 있도록 문제를 쉽게 만들어서 정답을 맞힌 학생들에게 모두 점수를 준다. 아이들은 퀴즈를 풀기 위해서라도 공책 정리를 잘할 수밖에 없다. 거의 모든 학생들이 답을 맞히다보니 그 점수가 큰 의미를 갖는 것은 아닌데도 점수를 달라고 내 옷을 붙잡고 난리를 치는 것이다. 아이들은 점수가 목적이지만 나의 목적은 다른 데 있다.

"너 이것 풀어!"

"너 이거 왜 안 푸는 거야?"

이런 감정이 실린 격한 말을 조용히 점수를 주는 것으로 대신하는 셈이다.

초임교사로 학교에 부임한 후 맞이한 첫 수업시간은 참담함 그 자체였다. 한참 수업을 하다보니 나 혼자만 떠들고 있었다. 아이들은 눈을 허공에 둔 채 멍하니 앉아 있거나 장난을 치거나 둘 중 하나였다. 그중 순진하게 생긴 한 아이를 불러 단어의 뜻을 물으니 아이는 자신감 없는 목소리로 이렇게 얼버무렸다.

"저 영어 하나도 몰라요."

얼마나 모른다는 것일까? 쉬운 단어만 몇 개 골라 물어보니 아이의 말이 맞았다. 'desk'는 중1 수준의 쉬운 단어였는데 아무 반응이 없어서 아이가 앉아 있는 책상을 손가락으로 가리켰더니 아이의 대답이 이랬다.

"학교요."

나는 책상을 가리켰는데 아이는 학교를 가리킨 것으로 생각한 것이다. 그 대답에 다른 아이들이 배꼽을 잡고 깔깔대는 것은 하나의 희망의 조짐이었다. 그들이 웃고 있다는 것은 적어도 데스크가 책상이라는 것 정도는 알고 있다는 말이 되니까. 하지만 영어 기초가 조금 있어 보이는 아이들도 수업에는 별 흥미가 없었다. 그런 힘든 상황에서 한동안 허우적대다가 차츰 수업이 가능해지기 시작한 것은 교실 공간에서 야기되는 모든 문제를 학생이 아니라 교사인 내 자신의 문제로 받아들인 뒤의 일이었다.

당시 영어 교사로서 나의 슬로건은 쉬운 수업과 떠드는 수업이었다. 영어를 하나도 몰라도 책상에 앉아 수업에 집중할 것을 강요받아야 하는 아이들의 고충을 배려한 것이었다. 나는 이렇게 아이들을 꼬드겼다.

"오늘부터는 떠드는 수업을 하겠습니다. 영어는 언어니까 말하는 것이 가장 중요합니다. 선생님 혼자 말하고 여러분은 입을 다물고 앉아 있기만 하는 것은 좋은 수업이 아닙니다. 영어시간은 여러분이 떠들면 떠들수록 좋은 수업입니다. 그리고 오늘부터는 영어를 하나도 모르는 친구들도 재밌게 수업을 할 수 있도록 모든 수업 내용을 누구라도 쉽게 풀 수 있는 퀴즈로 만들었습니다. 그러니 앞으로는 영어를 모른다고 말해서는 안 됩니다."

쉬운 수업은 지금까지 계속하고 있지만 떠드는 수업은 몇 년 하다가 그만두었다. 쪽지상담 때 '범생이' 축에 끼는 몇 아이가 수업시간이 너무 시끄러워 공부하기가 힘들다는 호소를 해 온 것이었다. 사실은 나도 어지간히 지쳐 있었다. 수업 부적응아들을 배려한다고 보통 아이들을 희생시키는 것도 늘 마음에 걸렸다.

요즘은 교실이 시끌벅적하지 않아도 기초가 부족하거나 영어에 흥미가 없던 아이들도 활발하게 수업에 참여하고 있다. 물론 이런 수업 분위기가 하루아침에 만들어진 것은 아니다. 오랜 인내와 모색 끝에 시나브로 시나브로 찾아온 것이었다. 지금도 가끔씩 내 인내심을 시험하려드는 녀석들이 없는 것은 아니지만.

제4부

오늘 처음 교단을 밟을 이들에게

33

오늘 네가 처음 교단을 밟는 날!

_이제 나의 동료가 된 아들에게

지금은 새벽 4시 5분. 잠자리를 털고 일어나기에는 조금 이른 시각이지만 어제 마음이 많이 설레었던 탓인지 오늘은 조금 일찍 눈이 떠졌구나. 그런데 오늘 새벽 4시 5분에 눈이 떠진 게 아무래도 우연한 일은 아닐 성싶다. 아마 네가 초등학교 5학년 때부터였지? 난 매일같이 새벽 4시에 일어나 너의 방에 들어가곤 했지. 그러고는 곤히 자고 있는 너를 품에 안고 이렇게 첫마디를 건네곤 했었어.

"사을아, 오 분 뜸 들이는 시간이네."

그러면 넌 내 품에서 오 분 동안 뜸을 들인 뒤, 네 스스로 부스스 일어나 공부를 시작하곤 했지. 그 덕분에 너는 매일 아침 '공부해라!'라는 말이 아닌 따뜻한 아빠의 품으로 오라는 사랑의 언어를 들을 수가 있었어. 학원은 문턱에도 가본 적 없어도 네 스스로 하는 그 아침공부만으로도 좋은 성적을 유지할 수 있었고 말이야.

난 학교에서도 아이들에게 '공부하라'는 말 대신 '사랑하라'는 말을 자주 하는 편이란다. 자기 자신을 사랑하지 않는 아이들이 자기 꿈을 가꾸기는 어려울 테니까. 또한 누군가를 사랑하기 위해서는 그 사랑의 크기에 합당한 실력과 능력을 갖추지 않으면 안 될 테니까 말이지. 중요한 것은 '사랑하라'는 말보다 사랑의 실천을 아이들에게 보여주는 것일 거야. 누군가에게 지극한 사랑을 받고, 그 사랑이 참 좋다는 것을 스스로 느끼고 인식해야 사랑을 꿈꿀 수 있을 테니까. 바로 너처럼!

오늘은 네가 음악 교사로서 처음 교단을 밟는 날! 여느 해 같았어도 긴 방학을 끝내고 새로 만날 아이들에 대한 설렘으로 일찍 눈이 떠졌겠지만, 오늘은 처음 교단에 서게 될 너의 설렘까지 합쳐져 조금 더 이른 시각에 잠에서 깨어난 것 같구나. 며칠 전에 네가 내게 들려준 음악이 생각난다. 아이들을 만나면 먼저 이 음악을 들려주고 음악 이야기를 서로 나누면서 아이들과의 첫 만남을 시작할 거라고 했지. 그 말을 듣고 드디어 네가 교단에 서게 된다는 사실을 실감하기도 했단다.

　네가 음악 교사로서 아이들에게 처음으로 들려줄 음악을 생각했듯이, 영어 교사인 나는 최근에 읽은 영문판『교사들의 영혼을 위한 닭고기 수프』에서 따온 몇 구절을 마음에 새겨놓고 있었단다.

・I touch the future, I teach.
나는 미래를 만진다. 나는 가르친다.

・One mark of a great educator is the ability to lead students out to new places where even the educator has never been.
위대한 교육자의 한 가지 증표는 교육자 그 자신조차 한 번도 가본 적 없는 새로운 곳으로 아이들을 이끄는 능력이다.

・One of the most important things a teacher can do is to send the pupil home in the afternoon liking himself just a little better than when he came in the morning.

교사에게 가장 중요한 일 중 하나는 학생이 아침에 학교에 왔을 때보다 다만 조금이라도 더 자기 자신을 좋아하게 하여 오후에 집으로 보내는 것이다.

나는 아이들에게 꿈 이야기를 하면서 새 학기를 시작하곤 한단다. 그런데 꿈 이야기는 거창할수록 하나 마나 한 이야기가 되기 십상이지. 특히 세계에서 최고가 되라는 식의 비현실적이고 허황된 꿈 이야기는 차라리 하지 않는 것이 아이들을 도와주는 일이라고 난 생각해. 학교에는 아무리 노력해도 최고가 될 수 없는 보통 아이들이 더 많으니까 말이지. 그리고 굳이 최고가 되어야만 행복한 것은 아닐 테니까. 바로 나처럼.

그럼 이런 꿈 이야기는 어떨까?

"제 꿈은 저를 좋아하는 것입니다. 저는 제 자신이 싫을 때가 종종 있습니다. 별것 아닌 일을 과장하여 말하거나, 나를 과시하기 위한 말을 많이 하고 집으로 돌아오면 거울 속에 비치는 제 모습이 참 싫습니다. 그래서 제 꿈은 저를 좋아하는 것입니다. 그런 꿈 때문인지 요즘은 제가 좋을 때도 많습니다.

내가 나를 좋아하는 것이 얼마나 기분 좋은 일인지 모릅니다.

나를 좋아하기 위해서는 나를 가꾸어야 합니다. 게으르고 불성실한 내가 좋아질 리는 없으니까요. 저는 여러분이 아침에 학교에 왔을 때보다 다만 조금이라도 더 여러분 자신을 좋아하면서 오후에 집으로 갔으면 합니다. 그런 기분 좋은 경험을 했으면 좋겠습니다."

오랜만에 너에게 편지를 쓰다보니 솔솔 기억나는 일이 많구나. 그중 하나. 그때도 아마 넌 초등학생이었을 거야. 어느 날인가 네가 이불을 잘 덮고 자는지 궁금해서 잠깐 네 방에 들렀던 참이었어. 걷어찬 이불을 다시 덮어주려고 하는데 네가 부스스 일어나더니 무어라고 잠꼬대를 하며 눈을 감은 채 공부방을 한 바퀴 돌아와서는 느닷없이 내게 이런 질문을 던졌지.

"아빠, 그런데 왜 공부를 해야 하죠?"

엉겁결에 받은 질문이라 나는 그것이 너의 잠꼬대인 줄을 미처 알지 못하고 이렇게 되물었지.

"그런데 그건 갑자기 왜?"

"아니, 그냥요. 그렇게 자꾸 물어봐야······"

그러고는 씩 하고 한번 웃더니 다시 잠이 들었지. 그다음 날이었어. 아침밥을 먹으면서 너에게 그 말을 해주었더니 넌 깜짝 놀라며 이렇게 말했지.

"정말 제가 그랬단 말이에요? 하하 웃긴다."

지금 생각해도 웃음이 나오지만, 넌 그때 비록 잠꼬대였어도

교단을 오른다고 하지않고
교단을 밟는다고 하려하네
꾹꾹 밟고 또 밟으려하네
아이들 눈높이로 내려올때까지

공부하는 이유를 알고 싶어서 내게 그런 질문을 던진 거겠지. 네가 앞으로 학교에서 만나게 될 학생들이 너에게 그런 질문을 던진다면 넌 뭐라고 대답할지 궁금하구나. 그 대답을 미리 준비해두는 것도 좋을 거야.

이제 나도 학교에 가서 아이들을 만날 준비를 해야겠다. 너에게 편지를 쓰느라 아침공부를 빼먹고 말았지만 함께 사랑과 꿈 이야기를 나누었으니 그것이면 족하다 싶어. 그래, 교단에 서 있는 동안 결코 잊지 마라. '사랑과 꿈', 가파른 현실을 핑계 삼아 그 아름다운 이상을 쉽게 포기하지 마라.

사랑한다. 그리고 네가 꿈꾸던 음악 선생님이 된 것을 진심으로 축하한다. 이제 나의 동료가 된 나의 아들아!

34

내가 쏜 가르침의 화살이
아이 가슴에 비난으로 꽂힌다면

_비난과 가르침의 차이

수업시간에 한 아이와 입씨름을 했다. 평소 수업태도가 나쁘지 않던 아이였는데 어쩌다가 일이 그렇게 되고 말았다. 단어공부를 마치고 본문 해석을 하기 전에 책이 제대로 펼쳐져 있는지 살펴보던 참이었다. 아이의 왼쪽 팔이 하필이면 배워야 할 본문을 가리고 있었는데 아이는 준비가 되었느냐는 질문에 "예"라고 분명하게 대답했다. 아이 곁에 다가가 이렇게 다시 물었다.

"정말 수업 준비가 된 거야?"

"예."

"오늘 배울 본문이 네 팔에 가려 있는데도?"

"아닙니다. 저 열심히 공부하고 있습니다."

"오늘 배울 본문이 지금 팔에 가려 있다니까."

"그래도 제가 떠든 것은 아니지 않습니까?"

일이 이쯤 되자 나는 아이를 조용히 일으켜세웠다.

"내가 너더러 언제 떠들었다고 했니?"

"저 수업시간에 잘하지 않습니까?"

"나 너에게 수업시간에 잘 못한다고 말한 적 없어."

"그런데요?"

"네 팔뚝이 우리가 공부해야 할 본문을 가리고 있었는데 넌 수업 준비가 되었다고 했단 말이야. 그래서 그걸 지적해준 거고. 내가 지적해주지 않았으면 넌 그냥 그대로 수업을 했을 거 아니야. 그러면 공부를 제대로 못했을 거고. 그럼 네 손해 아니야?"

"잘못했습니다."

"그래. 그러면 된 거야. 앉아."

그렇게 상황이 쉽게 종료되었다. 하지만 아이가 정말 수긍했는지 궁금하기도 했고, 그보다는 설득과정에서 그를 너무 몰아붙인 것은 아닌지 싶어 수업 내내 마음에 걸렸다. 수업을 오 분쯤 남겨놓고 열심히 공책 정리를 하고 있는 아이에게 다가갔다.

"공책 정리 잘하네?"

"예? 감사합니다."

"공책 정리 잘하는 애들은 뭐든 다 잘하더라."

"예? 아, 예……"

"그리고 아까 미안."

"예? 뭐가요?"

"응, 그냥."

그렇게 말하며 싱긋 웃어주었더니 아이의 표정이 금세 환해지는 것이었다. 그때야 내 머릿속에서도 방금 전에 있었던 일들이 말끔히 지워졌다. 그리고 잠시 후 수업을 마치고 교실을 나오면서 나도 모르게 영어로 이렇게 외쳤다.

"I did it(해냈어)!"

바로 그날 저녁 무렵, 나는 인문계 특성화학교로 유명한 담양 한빛고등학교 선생님들과 함께 '아이들과의 행복한 소통을 위하여'라는 주제로 대화를 나누고 있었다. 미리 메일로 보내둔 강의 원고가 있었지만 그날 있었던 일을 먼저 말씀드렸다.

"그 아이의 잘못은 논점을 이탈한 것이었지요. 전 오늘 배울 본문이 팔에 가려져 있다는 것을 지적했는데 아이는 내가 언제 떠들었느냐는 식이었으니까요. 나중에는 수업시간에 잘하지 않았느냐고 항변을 했고요. 그런 논점 이탈의 오류는 아이들이 지적으로 미숙하기 때문에 일어나는 경우가 많지요. 문제는 우리 교사들도 논점 이탈의 오류를 범할 때가 많다는 것입니다."

물론 그 교사들의 범주에 나도 포함이 된다. 그날 컨디션이 좋지 않았거나 호흡 조절을 하지 못했다면 나 또한 이런 식으로 사태를 악화시켰을지도 모를 일이다.

"정말 수업 준비가 된 거야?"

"예."

"너 왜 거짓말하는 거야?"

"저 거짓말 안 했는데요?"

"오늘 배울 본문이 지금 팔에 가려 있는데도 수업 준비가 다 되었다고 했잖아?"

"그래도 제가 떠든 것은 아니지 않습니까?"

"뭐야? 네가 한 번도 안 떠들었다고?"

"저 수업시간에 잘하지 않습니까?"

"이게 어디서 대들어?"

교사가 자신을 방어하는 일에 급급한 나머지 자신도 모르게 논점에서 이탈한 학생의 태도를 '미숙한 행동'이 아닌 교사의 권위에 도전한 '싸가지 없는 짓'으로 받아들일 수 있다. 이런 경우 대개는 그 잘못을 상대에게 전가할 가능성이 크다. 자신이 범한 논리적 오류를 깨닫지 못하기 때문이다. 그렇다고 교사도 사람인데 잘 몰라서 한 행동이니 도덕적으로 큰 비난을 받을 일은 아니다. 하지만 뒤틀린 상황을 정리할 책임은 고스란히 교사의 몫으로 남는다. 나는 선생님들 앞에서 그 이야기를 이렇게 마무리했다.

 "아이가 태도를 바꾸어 잘못했다고 말한 것은 자신이 교사로부터 비난을 받은 것이 아니라 지도나 가르침을 받고 있었다는 것을 깨달았기 때문 아닐까 싶어요. 물론 저도 그럴 때가 많지만 우리 교사들이 아이들을 비난하는 것을 지도하는 것으로 착각하고 있는 경향이 있는 것 같아요. 다행히 저는 오늘 그 아이를 비난하지 않고 가르친 것이지요."

 '다행히'라는 말을 쓴 것은 과거에 그런 잘못을 저질렀고, 또한 앞으로 그런 오류를 저지를 수도 있다는 사실을 고백한 셈이다. 그날 교실을 나오면서 "해냈어!" 하고 나도 모르게 쾌재를 부른 것도 따지고 보면 그만한 일로 성공을 자축해야 할 만큼 그동안 교사로서의 행동에 미숙함과 오류가 많았기 때문이다.

 그 일이 있은 뒤, 나는 어떤 일이 있어도 아이들을 비난하지는 않겠다는 다짐을 다시 하게 되었다. 그것은 누구보다도 나 자신을 위해서였다. 교사와 학생들의 소통 불능으로 괴로움을 당하는 것은 비단 학생들만이 아니기 때문이다. 아이들은 가르침의 대상은 될지언정 비난의 대상은 아니라는 것, 그 사실을 마음에 새기고 실천하는 것만으로도 교실에서 일어나는 많은 문제를 쉽게 풀어갈 수 있다. 아이들과의 행복한 소통은 그런 소소한 일을 통해 가능해진다.

35

아이들이 미워질 때는 어떻게 해야 하죠?

주말에 전남 해남에 있는 김남주 시인 생가에 들렀다가 우연히 반가운 선생님 한 분을 만났다. 전교조와 순천청소년축제 등을 통해 알게 된 그는 미술 교사로서 자신의 예술적 재능을 지역 청소년들을 위해 아낌없이 쏟아붓는 젊고 아름다운 선생님이었다. 우린 서로 반갑게 악수를 나눈 뒤 잠시 헤어졌다가 행사 뒤풀이 자리에서 다시 만났다. 자리에 앉자마자 그는 마치 그 말을 하기 위해 일부러 나를 찾아온 사람처럼 진지하고 조금은 절박하기까지 한 눈빛으로 이렇게 묻는 것이었다.

"아이들이 미워질 때는 어떻게 해야 하죠?"

몇 해 전에 그가 근무하고 있던 학교에서 아이들과의 소통을 주제로 강의한 적이 있다. 아마도 그때의 기억을 되살려 나에게 그런 질문을 던진 듯했다. 그런데 그 질문을 받자마자 그가 아이들을 많이 사랑하고 있다는 생각을 먼저 하게 되었다. 만약 아이들에 대한 사랑이 없다면 그들을 향한 미움이 고통으로 되돌아오지는 않았으리라. 나는 그에게 이렇게 말해주고 싶었다.

"아이들을 적당히 사랑하세요. 그리고 아이들이 미워질 때는 그냥 미워하세요."

하지만 그런 식으로 넘기고 말기보다는 선배교사로서 할 수만 있다면 그를 도와주고 싶었다. 우선 그의 증상(?)을 정확하게 진단할 필요가 있었다.

"한두 아이가 미운 거예요? 아니면 전체 아이들이 다?"

"전체 아이들이 다요."

"미움이 얼마나 오래 지속되나요?"

"한 달 정도요."

"언제부터 아이들이 미워지기 시작했나요?"

"예. 한 5, 6년 전부터 무슨 홍역처럼 해마다 한 번씩 꼭 이런 일을 겪게 되네요."

요즘 아이들을 일컬어 흔히 '개념 없는 아이들'이라고 말한다. 개념이 없다는 것은 결국 생각이 없다는 말일 텐데, 그러다보니 아이들에 대한 시간 투자가 아무런 소득도 없이 헛힘만 쓴 꼴이 되기 십상이다. 그런 상황이 오래 지속되다보면 아이들을 변화시킬 사랑의 의무를 가진 교사일수록 실의에 빠지거나, 혹은 아이들에 대한 사랑이 미움으로 변하는 심리적 과정을 겪는 것은 흔한 일이다.

그는 아이들이 미워지는 한 달 동안 아이들과 부딪히지 않기 위해 될수록 그들을 피해 다닌다고 했다. 그것은 생각하기에 따라 현명한 방법일 수도 있지만 문제는 한 달이라는 긴 기간이었다. 그리고 그런 증상이 해마다 반복된다는 것도 쉽게 넘어갈 일은 아닌 듯했다. 아무리 착한 선생님을 괴롭힌 가해자(?)라고 해도 한 달 동안의 공백은 배움의 길에 있는 아이들에게 상당한 손실을 가져다줄 수 있기 때문이다. 물론 그 기간 동안 교사가 겪어야 할 고충도 만만치 않겠지만.

물론 나도 아이들이 미워질 때가 있다. 그런데 다행히도 그 미움이 길어야 이삼 일 가다 만다. 미움의 뿌리가 깊지 않은 것은 그만큼 내 성격이 유순하거나 아이들에 대한 사랑이 깊어서가 아니다. 오히려 그 반대일 수도 있다. 나는 평소에도 아이들을 감정으로 대하지 않으려고 노력한다. 미움이 감정이듯이 사랑도 감정이라면 아이들에게 감정을 품지 않으려는 나는 결과적으로 아이들을 덜 사랑하는 셈이 된다.

나는 아이들을 감정이나 마음으로 사랑하기보다는 그들에게 도움을 주는 교사가 되려고 노력한다. 물론 도움을 주고자 하는 그 마음이 지고지순한 사랑에서 나올 수 있다. 하지만 그런 순백의 사랑은 아름답지만 비효율적일 수 있다. 주관적인 감정을 배제하지 못하면 위험해지기까지 한다. 사랑의 감정이 아닌 사랑의 기술로 아이들을 만나고 싶은 이유가 거기에 있다. 사랑의 기술을 교사의 전문성으로 생각해도 무방하겠다.

초임교사 시절, 한 아이가 나를 감쪽같이 속인 적이 있다. 나중에 알고 보니 그는 진실성이 많이 결여된 아이였다. 기대가 컸던 만큼 실망도 컸고 사랑하는 제자의 배신으로 한동안 교직에 대한 매력을 잃어버리고 말았다. 내가 아이를 사랑의 감정으로 대한 결과였다. 지금도 나는 학교에서 진실성이 부족한 아이들을 자주 만난다. 하지만 그들로 인해 마음이 크게 상하는 일은 없다. 그 아이가 진실성이 부족하다는 객관적인 사실을 확인할 뿐이다. 그리고 그를 도울 수 있는 방법을 찾아내는 데 모든 지식을 동원하고 에너지를 쏟는다.

청소시간이면 늘 늦게 오거나 아예 땡땡이를 치는 두 녀석이 있었다. 이유를 따져 물을 때마다 그럴듯한 변명을 늘어놓았다. 하루는 두 아이를 교무실로 불렀다. 우리 사이에 이런 대화가 오고 갔다.

"오늘은 왜 안 나온 거야?"

"오줌이 마려워서 화장실 갔는데 지도부 선배들이 담배 피웠다고 청소하라고 해서 이십 분이나 청소했어요. 정말이에요."

"담배를 피우지도 않았는데?"

"예. 정말이에요."

"그럼 많이 억울했겠네?"

"예?"

"담배를 피우지도 않았는데 벌로 청소를 시키고, 그러다보니 청소시간에 나오지 못해서 이렇게 선생님 앞에 불려왔으니까 억울할 거 아니야?"

"예."

"너희들 오늘 정말 그런 일을 당했을 수도 있어. 그런데 왜 선생님은 너희들 말이 안 믿어지지? 그것이 선생님 잘못이야? 너희들 잘못이야?"

"저희들 잘못입니다."

"그럼 앞으로 이렇게 하자. 청소시간이 되면 절대 화장실에 가지 말고 청소구역으로 곧바로 달려와. 오늘은 너희들이 정말 그런 일을 당했을 수도 있지만 또 언젠가 청소하기 싫으면 거짓말할 수도 있잖아."

"오줌이 마려우면 어떻게 해요?"

"오줌은 그 전 시간에 싸면 되잖아."

"알았어요."

"알았으면 눈썹이 휘날리도록 교실로 달려가."

어떤 꽃은 당장이라도 필 기세

어떤 꽃은 한달,
어떤 것은 십년 아니 더 오래걸려
내가 보지 못하고 먼저 떠날수도 있다

그러나 모든 꽃은 필것이다
내가 못 보고 갔다 해서
꽃이 피지않는 것은 아니다

한 아이의 삶을 하루아침에 바꿔놓을 수는 없다. 그것은 교사로서의 욕심일 뿐이다. 아이들은 그들 나름대로의 삶을 살면서 잠깐 나를 스쳐 지나갈 뿐이다. 그들을 근본적으로 변화시키겠다는 선한 욕심도 지나치면 오히려 독이 될 수 있다. 그날 만난 후배교사처럼 마음이 어진 교사일수록 미움의 병을 심하게 앓는 것도 바로 그런 예가 되겠다.

36

23년차 교사가
2년차 교사에게 보낸 편지

"무엇보다 교사로서 애들한테 부끄러워요."

몇 년 전의 일이다. 영어과 2년차 새내기 교사로부터 한 통의
전자우편을 받았다. 중개인 역할을 해준 모 교육잡지 담당기자
를 통해 편지를 전해 받고 편지의 내용보다는 '2'라는 숫자에
한참 눈길이 멎었다. 뭔가 신선한 곳에 손이 닿은 느낌이었는데
그의 편지는 "답이 없는 문제인 것 같지만 너무 힘들다"는 쓸쓸
한 어투로 끝을 맺고 있었다.

저는 영어과 2년차 (공립)고등학교 교사입니다.

우리 학교에는 원어민 교사도 있고, 영어만 쓰는 장소('잉글리시 존'이라고 하지요)도 있습니다. 최근에는 영어전용교실도 하나 급히 만들었지요. 교육청에서는 이런 것들을 만들어놓고 계속 업무보고와 진행 상황을 얘기하라고 합니다.

원어민 교사랑 아이들이 일대일로 대화할 수 있는 환경도 안 되는데 원어민 교사만 넣어놓고 성과를 내서 보고하라 하고, 영어전용교실 만들었는데 왜 실적이 안 오르느냐고 따지는 상황인 거지요. 그런데 우리 학교 아이들은 영어의 기본도 안 되어 있는 아이들이 많아요. 구문도 모르고 문법도 모르는 아이들한테 물질적인 것만 지원해준다고 해서 능사가 아니잖아요.

기자재를 쓰면 잠깐 흥미를 가질 수는 있겠지요. 그런데 전용교실을 만들고 영어로 수업한다고 영어가 느는 건 아니거든요. 저는 당장 애들한테 더 필요한 건 동기부여고, 지금 잘 못해도 자신감을 지켜주는 거라고 생각하는데 본질적인 건 신경 안 쓰고 당장 외적인 것, 대외적인 것에만 집착하는 것 같다는 생각이 자꾸 들어요.

이렇게 업무에 얽매이는 상황에서 수업도 항상 수박 겉핥기로 하는 것 같아서 찝찝하고요. 무엇보다 교사로서 애들한테 부끄러워요. 답이 없는 문제인 것 같긴 하지만 너무 힘이 드네요.

교육경력 2년차나 23년차나 답이 없기는 마찬가지지만 나는 손이라도 잡아주고 싶은 심정으로 답장을 썼다. 동문서답이 희망의 단초가 되기를 바라며.

2년차 (공립)고등학교 교사시군요? 저는 23년차 (사립)고등학교 교사랍니다.

2년과 23년의 차이는 과연 무엇일까요? 교직의 연륜이 늘어갈수록 '불편함에 대한 내성'이 커가는 것도 하나의 차이가 아닐까 싶네요. 선생님이 보내주신 글을 읽고 조금은 엉뚱한 생각을 해보았답니다.

선생님과 같은 새내기 교사들이 지금 느끼고 있는 불편함이 너무 빨리 해소되는 것도 그리 바람직한 일이 아닐 수 있다고 말이지요. 저는 지금도 학교생활이 많이 불편합니다. 어느 정도냐면, 한때 집에서는 정상적으로 잘 뛰던 맥박이 학교만 오면 부정맥 증상을 보인 적도 있습니다. 교직을 천직으로 생각하고 있고 가르치는 일이 퍽 즐거운데도 학교생활이 불편한 것은 지금 선생님이 느끼고 계시는 바로 그런 점들 때문이겠지요.

교사의 수고가 아이들의 영혼을 살찌우는 데 쓰이지 못한다는 것. 이런 전망 부재의 현실 앞에서 너무도 무력하다는 것. 이런 상황을 개선하기 위해 할 수 있는 일이 없다는 것. 제가 근무하는 학교는 전문계이다보니 '잉글리시 존'은커녕 시에서 지원하는 원어민 교사가 일주일에 한 번씩 학교를 방문하는 것이 고작이랍니다. 작년 2학기부터는 원어민의 수급사정이 원활하지 못한 탓인지 그마저 끊긴 상황인데도 원어민이 상주할 영어전용교실을 만들라는 지시가 내려와 한동안 그런 난리가 없었습니다.

학교 사정은 조금도 아랑곳하지 않고 일정 규모의 수업 공간을 확보하여 일정 기간까지 영어전용교실을 만들라는 일방적인 지시 탓에 개조한 지 얼마 되지도 않은 멀쩡한 어학실과 방송실을 뜯어야만 했지요. 저는 영어주임교사로서 그런 일련의 과정을 지켜보다가 올해 3월부터 전남교육연수원에서 실시한 6개월 영어직무연수에 참여하게 되었습니다. 연수원 도서관에서 영어도서(주로 영문소설)를 대출해 읽다가 문득 후회되는 것이 있었습니다.

잘 아시겠지만 영어전용교실에는 400만원 상당(약 400권)의 영어도서를 비치하는데 도서를 선정하는 과정에 성의를 다하지 않은 것이 새삼 마음에 걸렸던 것이지요. 아직도 성급한 실적주의나 전시행정의 구태를 벗어나지 못하는 정부나 교육관청의 행태에 분개하다가 정작 교사로서 제가 해야 할 일을 소홀히 하고 만 것이지요.

제 개인적인 과오를 들추어내다보니 돌연 화살의 방향이 이상한 방향으로 돌려진 듯하지만 이것이 저만의 오류는 아닐 수도 있다는 생각이 듭니다. 동의

하시겠지만, 오늘날 학교의 발전을 가로막고 있는 비민주적인 관행이 하루아침에 고쳐지지는 않을 것입니다. 그렇다고 화살의 방향을 그들에게 돌리고 마냥 손을 놓고 앉아 있을 수도 없는 노릇이지요. 잘못된 교육으로 인한 최종 피해자는 바로 우리 아이들이기 때문입니다.

조금 빗나가는 얘기가 될지도 모르겠지만, 요즘 저는 방과후 팝송으로 배우는 영어수업시간이 참 즐겁습니다. 사실 작년까지만 해도 8교시 방과후 수업은 한 시간이 하루처럼 느껴질 만큼 끔찍하기만 했습니다. 수강을 원하지 않는 학생들이 담임의 강요에 못 이겨 자리를 지키고 앉아 잡담을 하거나 아예 도망가 버리기 일쑤여서 학생들에게 도움도 안 되는 수업을 왜 하고 있는지 자괴감에 빠질 때가 많았습니다. 그런데 6개월 영어연수를 다녀온 뒤 제게 작은 변화가 생겼습니다. 그런 참담한 현실을 개선할 수도 피할 수도 없는 상황이라면 아이들에게 정말 흥미롭고 유익한 수업을 해보자는 생각을 하게 된 것이지요.

이런 말씀을 드리면서도 조심스럽긴 합니다. 좋은

교육을 위해서는 무엇보다도 좋은 환경을 만드는 일이 중요하기 때문이지요. 그런 식으로 적당히 대응하다보면 학생의 인권을 보장받을 길을 영영 잃게 되기도 하고요. 이 대목에서는 저도 참 난감해집니다. 하지만 강제적인 보충수업을 거부하지도 못하면서 수업조차 부실하게 한다면 결국 피해를 입는 것은 학생들이겠지요.

고백하자면 연수를 받는 동안 더 많은 고민과 갈등이 있었습니다. 원어민 강사로부터 영감에 가득 찬 놀라운 수업기술을 전수받으면서도 마음이 즐겁지만은 않았던 것은 이상과 현실의 괴리감 때문이었지요. 특히 학교로 돌아가면 당장 수능점수에 목을 매야 하는 인문고 선생님들은 그 고민이 더욱 깊을 수밖에 없었습니다. 함께 연수에 참여했던 선생님들과 통화해보니 아직도 뾰족한 해결책을 찾지 못하고 있는 듯했습니다. 하지만 어려운 여건 속에서도 희망의 틈새를 찾고자 하는 모습을 대화의 행간에서나마 엿볼 수 있었습니다.

연수를 마치고 학교로 복귀하자마자 원어민을 지

원하는 관청 부서를 찾아갔습니다. 영어전용교실까지 갖추어놓았는데 왜 원어민을 지원해주지 않느냐고 따졌습니다. 원어민도 없는데 왜 영어전용교실을 만들어야 하느냐고 따질 때보다는 제 목소리가 많이 부드러워져 있었습니다. 내년에는 영어소설 읽기 동아리를 하나 만들어보려고 합니다. 전문계 학교에서 쉽지 않은 일이라는 것을 알지만 도전해보고 싶습니다. 이런 작은 변화들이 저에게는 너무도 소중합니다. 꿈보다는 해몽이 좋다는 말이 있지요. 아무래도 동문서답이 될 것만 같은 이 부족한 답변이 선생님의 훌륭한 해몽에 힘입어 작은 희망의 단초가 되었으면 좋겠습니다.

37

나는 실패한
교육자입니다

　생면부지의 한 여교사가 학교로 나를 찾아왔다. 그는 23년째 초등교사로 교직에 몸담고 있다가 학교에 휴직원을 내고 잠시 쉬고 있는 중이라고 자기소개를 했다. 그러더니 의자에 앉기가 무섭게 갑자기 침통한 표정으로 생면부지인 나에게 이런 말을 불쑥 털어놓았다.

　"저는 우리나라 입시교육의 최대 피해자입니다."

　고3 수험생도 아니고 20년이 넘도록 학교에서 학생들을 지도해온 교사의 입에서 나온 말이기에 처음에는 얼른 이해가 가지

않았다. 최대의 피해자가 최대의 가해자가 될 수도 있는 교사로서의 자기 정체성에 대한 진한 고민이 묻어 있는 말 같기도 했다. 그의 다음 말이 이렇게 이어졌다.

"교직 경력 23년 만에 깨달은 것은 제가 실패한 교육자라는 것입니다."

그는 학창 시절 교직을 지망하는 모범생이었다. 교사가 되기 위해서는 그에 걸맞은 실력을 쌓아야 했다. 그에게 실력이란 시험점수, 그 이상도 이하도 아니었다. 그에게 필요한 것은 오로지 점수였다. 교사가 되기 위해 다른 것이 필요하다고 말해준 사람은 아무도 없었고, 그 자신도 그렇게 믿고 있었던 것이다.

교사가 되고 난 뒤에도 그는 교사로서 성공하기 위해서 점수를 따야 했다. 한 해도 거르지 않고 방학 때마다 연수를 신청한 것도 그런 이유 때문이었다. 교직 경력 23년에 연수 경력은 25년. 어떻게 그런 계산이 나올 수 있는지 물었더니 두 해는 아예 휴직 처리를 하고 대학원에서 공부했다고 말했다. 그러던 중에 함께 공부하던 한 동료교사가 쓴 글을 읽고 충격을 받는다.

"부적응아를 지도하는 과정을 적은 글인데 한 학생에 대한 교사의 따뜻한 사랑이 느껴지는 아주 감동적인 글이었어요. 사투리가 섞인 투박한 일상어들이 오히려 글을 빛내주고 있었지요. 처음에는 그것이 글솜씨의 차이인 줄 알았어요. 그래서 저도 감동적인 글을 써보고 싶어서 글을 고쳐보기도 했는데 차츰 그것이 불가능하다는 것을 알게 되었지요. 그것은 사랑의 차이였고, 부끄러운 말이지만 저에겐 교사로서 아이들을 사랑하는 마음이 없었거든요. 그때야 깨달은 거죠. 제가 실패한 교육자라는 것을."

그렇게 말을 이어가며 자신을 실패자로 몰아세우는 그의 침통한 표정에서 나는 오히려 어떤 희망 같은 것을 읽을 수 있었다. 그리고 자신의 실패를 인정하고, 23년 동안 추호의 의심도 없이 다니던 길을 버리고 새로운 길을 찾아나선 그에게 박수를 보내고 싶은 심정이었다. 나는 와락 손이라도 잡아주고 싶은 마음을 억누르며 이렇게 말을 받았다.

"우리 교육의 실패는 실패에 대한 뼈아픈 인식이 부족하기 때문이라고 생각해요. 잘못된 교육에 대한 진단은 그럴듯하게 해도 그 속에 통절한 아픔이 없는 거지요. 아픔이 없으니 치유할 의지도 없는 거죠. 그런데 선생님은 지금 아파하고 계시잖아요. 그 아픔을 치유하기 위해서 휴가원도 내셨고요. 선생님은 누구보다도 성공에 한 걸음 더 앞서 있는 거라고요."

언젠가 인터넷을 검색하다가 신임 교육부 수장의 신년사를 읽은 적이 있다. 그가 우리 교육의 실패를 인정하는 의미심장한 대목이 눈에 띄어 의자를 바짝 당겨 앉았다.

불행히도 그동안 우리 교육은 국민에게 희망과 용기를 불어넣기보다는 실망과 좌절을 안겨주었다. 이제껏 우리는 지나치게 대학 입학과 같은 학생들의 선발 문제에 집착하면서 정작 교육의 본질 문제, 다시 말해서 사람을 바르게 키우는 일, 즉 도야陶冶에는 깊은 관심을 쏟지 못했다.

솔직히 이런 실패에 대한 인정은 그동안 입시교육을 부추기고 학교와 학원의 역할과 기능의 차이조차 이해하지 못한 일부 보수언론들마저 입버릇처럼 해온 말이라 마음에 큰 감동으로 다가오지는 않았다. 그래도 향후 몇 년간 우리나라의 교육을 책임질 교육부의 수장으로서 우리 교육에 대한 실패를 인정하고 '사람을 바르게 키우는 일'에 대한 깊은 관심을 표명한 것만으로도 머리를 조아려 절이라도 하고 싶은 심정이었다.

그 무렵 교육계의 추악하고 슬픈 현주소를 극명하게 보여주는 사건이 터졌다. 모 고등학교에서 보충수업비와 자율학습비 명목으로 걷어들인 돈을 부정 사용하거나 횡령한 것에 대해 조사를 요구하고 나선 전교조 소속 교사들을 학부형들이 성토하고 나선 것이다. 학교의 부정에 대해 교사들은 눈을 감으라는 요구나 다름없었다.

　나는 이 황당하기 짝이 없는 사건을 접하면서 '아, 우리 사회가 갈 데까지 가버렸구나!' 하는 참담한 생각이 들었다. 그것이 그동안 '사람을 바르게 키우는 일'에 소홀히 해온 당연한 결과이긴 하지만, 학교가 부정의 소굴이 되어도 자녀들의 성적이 올라가기만을 바라는 것은 너무 심하지 않은가. 문제는 우리 사회에 이런 교육의 실패를 인정할 수 있는 자기 성찰의 능력을 가진 사람들이 의외로 많지 않다는 데 있다. 학벌사회의 구조 속에서 자녀가 잘되기를 바라는 마음에 잠깐 이성을 잃어버린 학부모들은 그렇다 치더라도, 교육을 전문으로 하는 집단에서도 이런 도덕적 해이에 빠진 사람들이 적지 않다.

　새해 신년사가 아무런 고민도 아픔도 없이 관례상 쏟아내는 말의 성찬이 아니라면, 그가 교육계의 수장으로서 가장 먼저 해야 할 일은 학교를 '사람을 바르게 키우는 일'과는 무관한 입시학원쯤으로 여기는 잘못된 교육풍토를 과감히 청산하는 일이다. 진정한 자녀 사랑이 무엇인지 알지 못하여 갈팡질팡하는 학부모들에게 인간의 도덕성과 창의성이 바탕이 되지 않는 국가경쟁력 운운은 그야말로 허구에 지나지 않는다는 사실을 커밍아웃하고 바닥부터 다시 시작하는 일이다.

　그 바닥에는 아이들이 있어야 한다. 국가의 백년대계를 위한 미래적 존재로서만이 아닌, 현재를 살고 있는 자기 삶의 주체로서의 아이들 말이다. 그들은 무엇과도 교환이 불가능한 고유한 가치를 지닌 위대한 개인이다. 그들은 점수와 서열로 가치를 매길 수 있는 그런 존재가 아니다. 외국자본을 끌어들여 장사할 수 있는 상품은 더욱 아니다. 무한한 잠재력과 가능성을 지닌 그들을 방학에도 본인의 의사와는 상관없이 학교에 가두어놓고 한낱 공부하는 기계로 전락시키는 것은 인간 존엄에 대한 위해이자 엄청난 국가적인 손실이다. 이것은 엄연한 교육의 실패다.

그 실패를 통절하게 인식하는 것이 우리의 급선무라는 점에서 한 아이를 사랑으로 대하지 못했다는 한 여교사의 실패한 교육자로서의 고백은 얼마나 값지고 소중한가. 그날 풀 죽은 모습으로 학교를 찾아오신 선생님이 자꾸만 눈에 밟히는 이유이다. 요즘 이른바 교육선진국으로 알려진 스웨덴이나 핀란드 등의 교육시스템을 벤치마킹해야 한다는 말들이 들린다. 진보나 보수를 가리지 않고 많은 정치인이 실제로 비싼 경비를 들여 그런 나라들을 방문하기도 한다. 하지만 우리 교육을 살리기 위해 가장 먼저 벤치마킹해야 할 것은 '나는 입시교육의 최대 피해자요, 실패한 교육자'라는 한 여교사의 참담한 실패의 고백이 아닐까.

38

언제쯤이면 아이들이
해질녘에 집에 갈 수 있을까?

오래전에 한국을 떠났다가 최근에 귀국한 사람이 인터넷을 검색하다가 다음과 같은 글을 접한다면 과연 어떤 표정을 지을까? "학교 자율화 발표가 난 오늘, 아이들의 얼굴을 제대로 볼 수가 없었다. 매번 아이들에게 거짓말을 한 셈이 되고 만 것이다. 이제 아이들은 내가 어떤 말을 해도 믿으려 하지 않을 것이다."

아마도 이 글을 쓴 이는 학교에서 아이들을 가르치는 교사이리라. 한데 이상하지 않은가? 학교 자율화라면 누구보다도 아

이들이 바라는 일일 터인데 학교 자율화 발표가 있던 날, 아이들의 얼굴을 제대로 볼 수가 없었다니? 그 이유인즉슨 결국 정부가 말하는 학교 자율화란 학생들의 자율화하고는 거리가 멀 뿐 아니라, 오히려 그들이 지금 누리는 최소한의 자유마저도 철저하게 억압하거나 해칠 가능성이 농후하다는 교사로서의 경험적 판단 때문일 것이다.

그런 생각은 정부의 학원 자율화 조치를 반대하고 나선 청소년연대 기자단도 마찬가지인 듯싶은데, 선전 플래카드에 새겨진 다음 문구도 아리송하다.

"학원 자율화 반대 청소년연대 기자회견"

문자적으로만 보자면 청소년들이 학원 자율화를 반대하는 꼴이다. 물론 여기서 '학원 자율화'란 이명박 정부의 '학원 자율화 조치'를 두고 한 말임은 두말할 나위가 없다. 기사 내용을 읽어보면 그런 사실이 더욱 분명해진다. "초중고교의 자율성 확대를 명분으로 29개 금지 지침을 폐지한 이명박 정부의 학교 자율화 조치에 대해 청소년운동단체들이 적극적 대응을 결의하고 나섰다."

요즘 인터넷에서 교육 관련 기사를 검색하다보면 나도 모르게 실소를 머금거나 고개를 갸우뚱할 때가 많다. 가령 이런 대목에서다. '학교 자율화 추진계획'에 대해 "학생들의 다양성 다 죽이고, 창조적 가능성 막는 결과 초래할 것"이라고 경고했다.

학교 자율화가 학생들의 다양성을 다 죽이다니? 물론 이명박 정부의 '학원 자율화 조치'에 대한 내용을 환히 알고 있는 나로선 뭔가 이해가 불충분하여 고개를 갸우뚱했을 리는 없다. 다만 말의 앞뒤가 맞지 않는 것에 대하여, 그동안에도 '자율'이라는 말의 타락이랄까, 오용이랄까 하는 것으로 꽤 마음을 상해온 나로서 조금은 어이가 없기도 하고, 때로는 화가 치밀어오르기도 한다.

'강제적 자율학습'이란 말이 있다. 자율학습이란 학생들이 스스로 하는 공부를 말한다. 그런데 강제적이라니? 하지만 대한민국에서는 이런 앞뒤가 맞지 않는 형용모순의 어법이 버젓이 존재한다. 이런 언어의 타락과 오용으로 인한 최종 피해자는 물론 학생들이다. 다음은 정부가 발표한 학교 자율화 조치에 대해서 어느 학생이 질문한 글이다.

제가 지금 인문계 고2여서 새로 불어닥치는 교육 정책에 관심이 많습니다. 여러 가지 새롭게 시행되는 게 많잖아요. 그래서 굉장히 헷갈립니다. 뭐 0교시 부활이나 우열반 같은 건 원래 있었으니 상관 안 하는데요. 제가 제일 관심이 가는 건 자율학습을 학생

들이 자율적으로 선택할 수 있게 되는 건가요? 전 이
것만 어떻게 되면 학교생활 행복하게 보낼 수 있을
것 같습니다. 전 학교 끝나고 집에 가는 시간이 해질
녘이었음 좋겠어요. 무슨 집은 자러 가는 데고 학교
는 사는 데고. 잘 모르겠어서요. 아시면 알려주세요!

이 학생은 자율학습을 학생들이 자율적으로 선택할 수 있는
지를 누군가에게 묻고 있다. 사실 이것은 질문으로서 적절하지
않다. 동어반복이라고나 할까. 가령 "나를 사랑하는 사람이 있
는데요, 그럼 그가 나를 사랑하고 있는 거지요?"라고 묻는 격이
다. 이에 대한 한 네티즌의 답변은 얄미울 정도로 사실적이다.

이번 자율화 조치는 학생들을 중심으로 한 것이
아니라 학교 또는 학교를 운영하는 교장, 재단 등을
중심으로 한 것입니다. 지금까지 강제 야간자습은 금
지였으나 그렇게 금지하는 규정 자체를 없애서 학교
에서 자체 규정으로 야간자습을 의무화해도 상관없

게 되어버린 것이죠.

  이렇듯이 국민들은 다들 알고 있는데, 정작 나라의 교육을 책임지고 있는 분은 이번 학원 자율화 조치로 "전 국민이 환영하고 좋아할 줄 알았다"고 말했다고 한다. 신문에 실린 그늘 없는 환한 얼굴 표정을 보면 정말 그렇게 생각하고 계신 듯하다. 혹시 자율이라는 말을 어떤 상황적인 맥락을 무시한 채 문자적으로만 해석한 것은 아닐까?

  우리 사회에는 이런 식의 '언어의 함정'에 빠진 사람이 의외로 많다. 한참 자라나는 어린 학생들을 입시지옥의 열악한 환경으로부터 보호하기 위해 마련한 고교평준화 정책도 자율이란 이름 앞에서는 꼼짝없이 단죄의 대상이 된다. 앞뒤 재고 말 것도 없이 학생들의 학교 선택권을 제약하거나 무시한 처사라고 말하면 그만인 것이다.

  문제는 그렇게 학생들의 자율권을 염려하는 지각 있는 어른들이 많은데도 대한민국 청소년들의 인권 실상은 나아지기는커녕 여전히 악화일로에 있다는 사실이다. 해질녘에 수업을 마치고 집으로 돌아가고 싶다는 한 아이의 바람이 너무 과한 것일까?

교육의 꽃은 아이들이다. 이번 정부의 학원 자율화 조치가 최종적으로 학생들의 자율을 보장해주는 것으로 귀결되지 않는다면 그것은 허위요, 기만일 뿐이다. 해질녘에 수업을 마치고 집으로 돌아가고 싶어하는 아이의 소원은 꼭 이루어져야 한다. 아니, 그것이 아이의 소원이 될 수밖에 없는 이 어처구니없는 현실을 하루빨리 끝장내야 한다. 그래야 우리 교육이 산다. 엄연히 잘못된 사실을 알면서도 현실 운운하면서 오래 붙잡고 있는 것은 우리 교육을 두 번 죽이는 것이다.

언젠가 혁신학교 운동과 관련된 연수에 참여했다가 들은 얘기다. 외국인 몇몇이 오후 5시경 모 도시의 중심가를 거닐다가 한국의 출산 문제에 대해서 심각한 우려를 표명했다고 한다. 그 시간쯤이면 거리로 쏟아져나와 삼삼오오 짝을 지어 활보하고 있을 법한 청소년들이 단 한 명도 눈에 띄지 않았기 때문이다. 하긴 그 시간에 거리를 배회하는 청소년들이 있다면 필시 보충수업을 땡땡이쳤거나, 아예 학교를 그만둔 탈학교 아이들일 가능성이 많다. 나중에야 그런 사정을 동행을 통해 듣게 된 외국인은 무슨 말인지 도무지 알 수 없는 표정을 짓더라는 얘기였다.

국제적 규격을 들먹이기 좋아하는 우리나라에 살고 있는 어린 학생들은 언제쯤이나 해질녘에 집으로 돌아갈 수 있을까? 불행하게도 당분간은 그런 일이 생기지 않을 것 같다. 우리의 소원이 통일이듯, 그것도 하나의 소원으로만 염원할 수밖에 없

낮에는 보이지 않던 별들이
밤만되면 저마다 밝기를 다투고.

밤만 보며 자라는 아이들은
제일 밝은 별을 갖겠다고 다툰다

해가뜨면 그 밤의 경쟁은 일순간
사라진다는 것도 아이들은 모른채

해질녁 에는 아이들을 보내야한다

을 것 같다. 사정이 이런데도 이번 학교 자율화 조치가 실제적으로 학생의 자율을 보장하는 양 선전하는 것은 위선이 아니면 무지의 소치다. 이제라도 아이들은 해가 지기 전에 집으로 돌아가야 한다. 아니, 집으로 돌아가든 거리를 활보하든 그 선택권을 아이들에게 돌려주어야 한다.

만약 집으로 돌아간다면? 먼저 깨끗이 몸을 씻고, 가족들과 함께 오순도순 대화의 꽃을 피우며 저녁을 함께 먹고, 그러고 난 뒤에는 남은 시간에 대한 주권도 마땅히 그 주인에게 돌려주어야 한다. 그것이 참된 자율의 모습일 것이다. 그리고 그런 자유의 연습을 통해서 아이들도 방종만을 일삼는 개념 없는 아이들이 아닌, 미래가 촉망되는 참된 자유인으로 성장해갈 수 있을 것이다.

39

'거부하는 법'도
가르쳐야 한다

_세상에 대한 불만을 키워가는 아이들

　아침자율학습시간, 출석부를 들고 교실에 들어가기가 무섭게 한 아이의 표정을 살펴보았다. 전날 야간자율학습 문제로 집에 전화까지 걸었던 아이다. 모든 행동을 옆 반 단짝친구와 통일하는 아이여서 그 친구에게도 거의 아부에 가까운 말로 부탁해두었다. 전화 받는 목소리가 밝긴 했는데 어떤 결정을 내렸을까? 나는 일순 긴장하고 의자에서 엉덩이를 든 채 아이에게 물었다.

　"야자하기로 결정했구나, 그렇지?"

　"아니요. 저, 안 할 거예요."

"왜? 어제는 할 것 같던데."

"친구랑 독서실에서 공부하기로 했어요."

나는 그만 힘이 빠져 의자에 털썩 주저앉는다. 자율학습 희망자 명단을 올리라는 말이 나온 지가 벌써 열흘이 넘었다. 희망자 조사 같은 것은 얼렁뚱땅 형식적으로 해놓고 성적순으로 몇명 뽑아 명단을 올리면 될 일이지만 그렇게는 하고 싶지 않았다. 그런 식의 일처리가 담임인 내 처지를 조금 편하게 해줄지는 모르지만 실상은 어느 누구에게도 도움이 되지 않는다는 것을 너무도 잘 알고 있기 때문이다.

백 번을 고쳐서 생각해도, 나는 학생들이 밤늦은 시간까지 학교에 남아 있는 것이 못마땅하다. 우선 학생들의 건강 문제 때문에도 그렇다. 하루 열 시간 이상을 딱딱한 의자에 앉아 있으면 척추가 온전할 리가 없다. 공부를 하더라도 깨끗이 몸을 씻고 환경을 바꾸어 음악을 듣거나 적당한 운동 후에 하면 얼마나 좋을까? 그리고 학과 공부만이 공부는 아니지 않은가.

이런 분명하고 정당한 이유가 있으면서도 나는 왜 아이의 대답에 힘이 빠졌던 것일까? 물론 그것은 학교 눈치를 살피지 않을 수 없기 때문이다. 우리 학교는 전문계고라 보충수업이나 야간자율학습에 대한 압박이 덜한 편이다. 하지만 같은 전문계인 모 학교가 시내 인문계 학교와 엇비슷한 행보를 하기 시작하면서 상황이 달라졌다. 왜 그 학교는 잘되는데 우리는 안 되느냐는 식이었다. 이런 말을 들을 때마다 나는 울화가 치민다. 그래도 우리 학교는 비교적 '희망자 조사'라는 것을 제대로 하는 편이다. 그런데 모든 것을 제대로 하는 학교가 마치 낙후된 학교로 보인다는 것이 문제다. 물론 여기에는 상급 교육관청의 이중적인 태도도 큰 몫을 하고 있다. 무엇이 진정한 교육인지 고민하지 않는 교육 이상의 부재가 우리 교육의 현실적인 전망을 어둡게 하고 있는 것이다.

만약 우리 학교가 인문계가 되어 보충수업이나 야간자율학습을 강제로 시행한다면 나는 어떤 태도를 취해야 할까? 다른 학교가 다 그렇게 하는데 학교장으로서도 달리 방법이 없을 것이다. 그럼 나도 어쩔 수 없이 따라가야 하나? 이런 생각을 하면 나는 한없이 우울해진다. 어쩌면 그럴 가능성이 농후하다는 점에서 더욱 심사가 뒤틀리는지도 모르겠다. 하지만 만약 그런 일이 있게 되면 사실상 나는 교사로서 교육행위를 포기할 수밖에 없을지 모른다. 그 이유를 지금 내가 영어 수업 교재로 사용하고 있는 교과서에 실린 일화를 들어 설명해보겠다.

이야기의 주인공은 흑인 여성인 로자 파크스Rosa Parks다. 사람들은 그녀를 '민권 운동의 어머니'라고 부른다. 1955년 12월 1일 목요일 저녁이었다. 로자는 일터를 떠나 집을 향해 출발했다. 버스에 올라 백인 칸 바로 뒤 흑인 지정석 첫번째 자리에 앉았다. 몇 정류장이 지나자 자리가 꽉 찼다. 백인 한 명이 타자

운전사는 그녀에게 일어나라고 말했다. 그녀는 자리를 내주지 않겠다고 생각했다. 그것은 공평하지 않았다.

"싫어요."

그녀는 조용히 말했다. "일어나는 게 좋을 거요. 아니면 경찰을 부르겠소" 하고 운전사가 말했다. 그녀는 여전히 움직이지 않았다. 운전사는 버스에서 내려서 경찰관 두 명과 함께 돌아왔다.

"당신을 체포하겠소."

그들은 그녀에게 말했다. 결국 감옥에 수감된 그녀는 다행히도 100달러의 보석금을 내준 친구의 도움으로 감옥에서 나와 흑인 지도자들을 만나게 된다. 그들은 회합을 통해 버스회사가 자신들을 정중하게 대하지 않는다면 버스를 타지 않을 것을 결의하고 이를 실행에 옮긴다. 판사는 그녀에게 유죄판결을 내렸지만 그녀는 사건을 상급법원으로 가져가기로 결정했고, 다음 해 11월 대법원으로부터 대중교통수단에서의 인종차별은 위헌이라는 판결을 받아낸다.

여기까지가 지난주 수업 범위였다. 우리는 로자 파크스에 대한 존경과 성원의 뜻을 담은 뜨거운 박수로 수업을 끝냈다. 그런데도 나는 뭔가 섭섭하여 학생들에게 약간 들뜬 목소리로 이렇게 말했다.

"노no!라는 한마디를 하기 위해 그녀는 얼마나 많은 용기가 필요했을까요? 만약 이 흑인 여성이 노라고 당당히 말하지 않았다면 그들의 미래는 어떻게 되었을까요? 그녀의 당당한 거부가 없었다면 흑인에 대한 부당한 인권 침탈과 차별은 얼마나 오래 지속되었을까요? 양식 있는 백인들이 알아서 새로운 법을 만들어주었을까요? 여러분은 어떻습니까? 이런 상황에서 당당하게 노라고 말할 수 있겠습니까? 그럴 용기가 여러분에게 있습니까?"

영어 과목은 텍스트의 내용보다는 기호 자체에 더 큰 의미를 부여한다. 로자 파크스의 사건 속에 담긴 교훈도 중요하지만 그것은 영어를 배우기 위한 하나의 읽기 자료로서 그 의미가 더 크다는 얘기다. 하지만 사회나 윤리 과목은 사정이 다르다. 그 일화 속에 드러나는 정의나 진실이 곧 교육목표가 될 테니까 말이다.

나는 궁금하다. 보충수업이나 야간자율학습을 학생들의 의사를 묻지 않고 강행한 교사가 학생들에게 이런 질문을 던질 수 있을까? 학습목표에 합당한 제대로 된 수업을 할 수 있을까? 물론 그럴 수 없을 것이다. 아니 그럴 필요조차 느끼지 않을 것이다. 우리 교육은 학생들의 가슴에 그런 정의적 심성을 새겨주는 것과는 거리가 먼 곳으로 흘러간 지 이미 오래되었으니 말이다. 이것이 교육의 실패요 위기가 아니고 무엇인가.

최근 교육계에서 횡행하는 일련의 부정부패 사건들도 따지고 보면 부당한 일을 당하거나 목격하고도 "아니요!"라고 당당하게 말하지 못하는 데서 비롯된 일이다. 교육이 국가의 백년대계요, 어린 새싹들을 키우는 일이라면 자라나는 아이들의 입과 정신을 막아놓았으니 이미 우리의 미래는 싹수가 노랗지 않은가.

올해 고등학교에 입학한 학생의 나이는 열여섯, 혹은 열일곱 살이다. 한참 혈기왕성하고 마치 물오른 나무처럼 감수성이 풍부한 나이다. 불행하게도 그들은 그 나이에 아침 8시가 채 못 되어 학교 정문을 통과하면 밤 10시가 넘어서야 학교에서 나올 수 있다. 그들 중 상당수는 책상에 엎드려 잠을 자거나 세상에 대한 불만을 키워가면서도 아무도 "싫어요!" "아니요!"라고 말할 수 없다. 그들은 이미 입이 없고 자기 열매가 없는 아이들로 자라고 있는 것이다.

아이들을 살아 있는 인간으로 키우려면 그들에게 거부하는 법도 가르쳐야 한다. 싫은 것은 싫다고 말할 수 있는 자유인으로 아이들을 키워야 한다. 그러기 위해서는 '강제적 자율학습'이라는 형용모순의 이상한 말이 학교사회에서 버젓이 통용되는 것을 용납해서는 안 된다. 사랑이라는 이름으로 인간의 기본권을 침해하는 모순된 행동의 미망에서 하루빨리 벗어나야 한다.

40

의사 됐다 해도 기껏 절반의 성공 아닌가?

'교육은 미래다.'

국내의 유력한 두 방송사가 공동 제작하여 공동 방영한 교육 프로그램의 제목이다. 총 3부로 방영된 이 프로그램을 나는 오전 내내 채널을 돌려가면서 공평하게(?) 시청했다. 교육계에 몸담고 있는 사람으로서 교육 문제를 비중 있게 다뤄준 두 방송사에 대한 감사의 표시였는지도 모르겠다.

방송이 진행되는 동안 화면 왼편 상단에 쓰인 방송 제목에 자꾸만 눈길이 갔다. 왜 그랬을까? 사실 '교육은 미래다'라는 제목은 교육프로그램의 제목으로서는 무난한 편이다. 아니, 좀더 후한 점수를 줄 수도 있다. 최소한 시비를 걸 만한 논쟁적인 제목은 아니다. 상식적으로 생각하면 그렇다는 말이다. 하지만 상식과 진실은 다르다.

부자 집안에서 태어나거나 수백억짜리 로또복권이라도 당첨되지 않는 한, 자본주의 사회에서 신분 상승을 꾀할 수 있는 유일한 통로는 교육이다. 지구본에서 보면 얼른 찾기가 힘들 정도로 작은 땅을 가진 나라가 무역량 세계 12권을 자랑하는 결코 작지 않은 나라가 된 것도 공교육이든 사교육이든 교육 투자를 통해서 가능한 일이었다. 그래서 교육은 미래다?

올해 초등학교에 입학하는 한 아이의 꿈은 의사다. 그가 의사가 되기 위해서는 초등학교 6년, 중학교 3년, 고등학교 3년, 대학교 6년의 과정을 거쳐야 한다. 거기에 인턴, 레지던트 과정까지 포함하면 대략 25년이 걸린다. 아이는 25년 후에야 의사가 된다. 그 삶의 유예기간이 더이상 길어지지 않기 위해서는 단한 번의 시행착오도 허용해서는 안 된다. 그런 변수까지 감안한다면 평균 서른다섯 살이 되어서야 전문의가 될 수 있다.

이쯤 해서 내 상식에는 의문부호가 붙는다. 의사가 되는 것이 꿈인 한 아이는 그 미래의 삶을 위해 거의 반평생에 가까운 시간을 고스란히 바쳐야 한다. 교육이 미래라면, 교육이 미래를 위한 투자라면, 그가 바친 서른다섯 해의 생애가 자신의 신분 상승과 미래의 행복을 위한 투자라면, 의사가 되기 전까지의 절반에 가까운 그의 삶은 과연 무엇인가? 의사가 되기 위한 밑거름일 뿐인가? 만약 그렇다면 의사가 됐다 해도 기껏 절반의 성공이 아닌가?

또 이런 물음도 생긴다. 그 절반의 삶이 그 자체의 고유한 의미를 지니지 못하고 의사가 되기 위한 투자기간으로서의 수단적인 가치만을 지닌다면 그 나머지 절반의 삶도 온전할 수 있을까? 그는 히포크라테스 선서를 한 의사답게 매일 만나는 환자들을 생명으로 대할 수 있을까? 물질만능의 시대에 거기까지는 바라지 않더라도, 혹시 그가 환자를 대하면서도 투자한 절반의 삶에 대한 보상이나 대가를 지불받는 일에만 혈안이 되지는 않을까?

하긴 요즘 같은 세태라면 '그거 당연한 거 아니냐?'고 오히려 반문할 법도 하다. 가진 자로서의 사회에 대한 봉사나 책임의식 같은 것을 얘기하면 '왜 내가 애써 벌어서 남 좋은 일 시키느냐?'고 따지기도 할 것이다. 사실 그 말을 반박하기도 어렵다. 학창 시절 부모나 교사에게 이런 말을 자주 들어온 사람이라면 더욱.

"지금 세상은 전쟁이야. 취업전쟁이라는 말도 있잖아. 이 적자생존의 경쟁에서 살아남으려면 공부를 열심히 해야지. 너 대학에 가면 실컷 놀 수 있잖아. 그때까지만 꾹 참고 공부해라. 의사만 되면 이 세상에서 무엇이 부럽겠니? 너에게 시집오려는 여자들이 줄을 설 텐데. 연애는 그때 가서 해도 늦지 않아. 직업에 귀천이 없다고 하지만 솔직히 의사가 좋지 막노동꾼이 좋냐? 지금 좀 고생하더라도 네 미래를 생각해야지."

생각하기에 따라서는 아주 틀린 말도 아니다. 하지만 아쉬움은 남는다. 더 좋은 방법을 생각하지 않았기 때문이다. 만약 부모나 교사들이 이렇게 말해주었다면 그의 삶이 얼마나 달라졌을까?

"너 지금 행복하니? 난 네가 아무리 공부를 잘해도 네가 행복하지 않으면 기쁘지 않아. 행복하고 즐거운 마음으로 공부해야 머리에도 잘 들어올 거고. 넌 비교적 좋은 환경에서 자랐어. 공부하고 싶어도 가정환경 때문에 대학을 포기하는 사람도 많아. 나중에 돈을 많이 벌게 되면 장학금도 내놓고 어려운 사람도 많이 도와주고 그래라. 그것이 배운 사람이 할 몫이야. 그러려면 힘들어도 열심히 공부해야겠네? 아참, 아직 대답 안 했다. 너 지금 행복하니?"

이런 말을 자주 듣고 자란 아이들이 수능시험에서 부정행위를 저지르지는 않을 것이다. 잠자는 시간을 빼고는 하루 종일 책과 씨름하면서도 왜 공부하는지 그 이유를 물으면 갑자기 벙어리가 되고 마는 답답하고 이상한 아이들이 되지 않을 것이다. 새순처럼 푸르고 어린 나이에 우울증을 호소하지도 않을 것이다.

두 방송사가 합작하여 3부까지 내보내야 할 정도로 심각하고 복잡한 교육 문제지만 생각하기에 따라서는 그 해법이 아주 간단할 수도 있다. 학교를 행복하고 즐거운 곳으로 만드는 것이다. 그러기 위해서는 무엇보다도 학교에서 하는 공부가 즐거워야 한다. 그 한 가지를 위해 대통령부터 정치가, 교육자, 학부모와 학생, 시민에 이르기까지 머리를 맞대면 된다. 그리고 무엇보다도 먼저 우리 아이들에게 이렇게 물어볼 일이다. 먼 미래가 아닌 지금 당장.

"너 지금 행복하니?"

'피사 쇼크'라는 말이 있다. 국제학력평가^{PISA}에서 한국 학생들의 학력이 세계 1위 핀란드에 이어 2위에 오른 것이 쇼크로 받아들여진 것이다. 교육체제나 교육방식이 핀란드와 전혀 다른 한국의 결과를 믿기 어렵다는 반응 때문이다. 그들의 입에서 나온 다음과 같은 말도 귀에 못이 박이도록 들은 바 있다.

"한국은 공부를 잘하는 나라지만 결코 부러운 나라는 아닙니다. 한국의 아이들은 우수한 아이들이지만 행복한 아이들은 아닙니다."

그런데 우리나라 교육의 (무늬만) 롤모델이 되고 있는 핀란드 교육도 학생들의 학습에 대한 만족도나 선호도가 다른 북유럽 나라들에 비해 현격히 떨어지는 것으로 나타났다. 특히 최근 일본 원전사고 이후 새롭게 조명을 받고 있는 덴마크는 아동들의 학습 선호도에서 1위를 차지했다. 『위대한 평민을 기르는 덴마크 자유교육』(송순재 외 편저, 민들레)이란 책에 소개된 다음과 같은 글을 읽어보면 우리가 얼마나 교육의 이상에서 멀어져 있는지를 여실히 알 수 있다.

> 어른들은 빚쟁이처럼 아이들에게 과제를 요구해서는 안 된다. 아이들은 과제를 해내야 할 빚진 자가 아니다. 아이들은 학교가 끝나면 당연히 집에서 쉴 권리가 있다. 통제가 필요하고, 숙제가 필요하고, 시험이 필요하다는 것은 어른들의 발상이지 아이들에겐 그렇지 않다.

덴마크 교육에서 주목할 만한 것으로 '틈새학교'라는 것이 있다. 중학교와 고등학교 과정 사이, 고등학교 과정에서 대학 진학 전 1년 정도씩 기존 학제에서 벗어나 자기를 성찰하고 삶의 전망을 세울 수 있게 해주는 것이다. 물론 이런 일종의 자유학교 제도가 어느 날 갑자기 하늘에서 뚝 떨어진 것은 아니다. 오랜 세월 시민운동을 통해 정착시킨 제도이다. 틈새학교가 존재하는 이유는 앞에서도 언급했듯이 '성찰'과 '전망'에 있다. 이는

매미는 칠년을 참아
일주일을 노래하고 간다

그 또한 위대한 삶이나
아이들은 매미가 아니다

아이들에게 참는 법을
가르치기 보단, 지금
노래하는법을 가르치고싶다

학생이 자기 성찰과 성장을 하기 위해 반드시 필요한 과정이다. 그 기간을 통해서 학생들은 인간으로서의 자신을 탐색하고 자신의 진로도 스스로의 힘으로 결정하게 된다.

우리의 현실은 어떤가? 자기 성장과 성숙을 위한 성찰의 과정은 고사하고 인간의 기본 욕구인 충분한 수면시간을 확보하는 것조차 전쟁을 치르듯이 해야 한다. 그것도 기껏해야 절반의 성공을 위해서.

41

나를 위한 열정을 반성하다

일요일 다 늦은 오후에 개학을 하루 앞두고 가까운 산에 올랐다. 계절의 순환 이치는 어쩔 수 없는 것인지 기승을 부리던 무더위도 한풀 꺾인 듯했다. 산 정상에 오르니 가을이 성큼 다가온 듯한 느낌마저 들었다. 계절의 변화에 따른 자연스러운 현상이지만, 때가 되면 한풀 꺾일 줄도 아는 여름이 고맙기만 하다.

한풀 꺾인 더위가
사람들을 즐겁게 하는 것을 보면
뜨겁게 사는 것
그리 사무칠 일이 아니네.

나의 뜨거움이
너의 괴로움일 수 있다면
이즈음의 햇살처럼
하오下午의 산그림자처럼
나도 한풀 꺾이고 싶네.

몸 불리기를 마친 푸른 감들이
제 안을 들여다보며
벌건 물이 들어가듯이
나도 벌건 물이 들고 싶네.

땅에 떨어지기 위해
곡기를 끊어버린 나뭇잎처럼
가만 나를 떨어뜨리고 싶네.

릴케가 말했던가? 지난여름은 위대했다고. 그 위대함은 대자연의 통과의례, 창조적 고통에서 비롯된 것이다. 하지만 이제 우리에게 여름은 가을의 풍성한 수확을 예비하는 아름다운 인고의 상징만이 아닌, 재앙에 가까운 어떤 두려움으로 엄습하고 있는 것도 사실이다. 때가 되어도 한풀 꺾일 줄 모르는 우리 인간의 욕망이 자초한 일이다.

개학날 아침, 눈을 뜨기가 무섭게 학교에서 만날 몇몇 아이들의 얼굴이 떠올랐다. 방학 전날 쪽지상담을 할 때 나에게 이런 말을 적어준 아이들이다.

"선생님, 요즘 들어 부쩍 너무 자주 화를 내시는 것 같아요."

처음에는 억울한 생각이 들었지만, 긴 방학을 보내면서 그것이 아이들 앞에서 한풀 꺾일 줄 몰랐던 나의 조급함이나 욕심에서 비롯된 것임을 알게 되었다. 그런 생각을 하자 신기하게도 내 안에 자리했던 작은 두려움이 사라지기도 했다. 학교에 가면 아이들을 환한 웃음으로 맞이할 수 있을 것 같았다.

마음에 그런 여유로움이 생긴 것은 눈에 이상이 생겨 안과 병원을 다니기 시작할 무렵의 일이었다. 어느 날 갑자기 오른쪽 눈에서 검은 연기 같은 것이 피어올라 깜짝 놀란 것은 약 두세 달 전쯤 일이다. 마치 붓에 먹물을 찍어 맑은 물에 풀어놓으면 생기는 동심원 같기도 했다. 몸에 생긴 이상 현상에 대해서 대체로 무심한 편인 나는 뒤늦게야 사태의 심각성을 깨닫고 광주에 있는 망막 전문 병원을 찾아가 레이저 수술을 받았다.

눈에 이상이 생긴 뒤로 가장 견디기 힘든 것은 책을 가까이 할 수 없다는 사실이다. 레이저 수술을 받은 직후에는 그 상태가 더욱 심해졌다. 독서삼매경에 빠지면 무더운 여름도 아랑곳이 없었는데 그럴 수가 없으니 답답하고 환장할 노릇이었다. 책뿐만이 아니었다. 컴퓨터 앞에 앉아 있거나 텔레비전을 보는 것도 금기사항이니 베란다에 나와 멍하니 앞산이나 바라보고 있을 도리밖에는 없었다.

그러다가 나는 문득 그동안 숲이나 하늘을 바라보지 않고 하루를 넘긴 날이 많았다는 사실을 깨닫게 되었다. 숲이나 하늘을 바라보지 않았다는 것은 내 안을 들여다보는 시간을 생략한 채 하루를 마감한 날이 많았다는 얘기가 되겠다. 또 이런 생각도 해보았다. '나는 왜 책을 읽으려고 하지? 왜 컴퓨터 앞에 앉아 뉴스를 보고 무언가를 쓰려고 하지? 나의 욕망을 채워주는 일 말고 그동안 내 눈이 한 일이 뭐지?' 그런 생각을 하면서 내가 아이들 앞에서 조금 성급했던 것은 나를 위한 어떤 욕망 때문이 아니었는지 반성하는 시간도 갖게 되었다.

너무 잘하려고 하지마세요
'나'를 위한 열정이라면 더욱

아이들에게 좋은 교사가 되고 싶은 것도 때로는 아이들을 위한 순수한 생각만이 아닌, 나 자신의 과도한 욕심과 연관이 있을 수 있다는 사실을 부인하기 어려웠다. 요즘 들어 부쩍 너무 자주 화를 낸다는 말을 쪽지에 적어준 아이에게 나는 이렇게 항변하고 싶었는지도 모르겠다.

"내가 자주 화를 내다니? 내가 학생들에게 얼마나 친절한 교사인데 그런 말을 해?"

부끄러운 고백이지만 솔직히 그럴 때가 있다. 나 스스로 친절한 교사가 되고 싶어서 아이들에게 친절을 베푸는 그런 행위 말이다. 그런 '나를 위한 열정'이라면 차라리 한풀 꺾이는 것이 아이들을 위하는 일일 것이다. 그렇지 않아도 학교에서는 '나의 뜨거움이 너의 괴로움이 되는' 일들이 자주 일어나기도 하니까.

개학 첫날 나는 다행히도 그런 실패를 남발하지 않고 아이들과 하루를 잘 보냈다. 긴 방학을 보낸 뒤라 아직 공부하는 것이 몸에 배지 않은 아이들을 조급하게 다그치지 않고 어떤 상황에서도 환한 웃음으로 대해주었다. 흥미로운 것은 그러면서도 어느 해보다도 더 많은 양의 수업을 했다는 사실이다. 언젠가 후배교사와 부적응 학생들에 대한 이야기를 함께 나눈 적이 있다. 대화라기보다는 후배교사의 고충을 들어주는 식이었는데 옆에서 같이 듣던 동료교사가 이렇게 말하는 것이었다.

"너무 잘하려고 하지 마세요."

처음엔 그 말의 무게가 크게 느껴지지 않았는데 차츰 시간이 지날수록 마음에 와닿는 것이었다. 물론 잘하려고 하는 자체가 나쁜 것은 아닐 것이다. 하지만 열정적으로 잘하려고 하는 동기가 학생이 아닌 교사 자신에게 있다면 문제가 될 수 있다. 내겐 그 말이 '나를 위한 열정'을 반성하라는 말로 들렸다.

42

요즘 아이들을 만나는 일이 쉬워지고 있습니다

_내가 교사로서 행복한 이유

요즘 아이들을 만나는 일이 조금씩 쉬워지고 있다. 주변 동료 교사들을 보면 그 반대인 것 같아서 표정 관리를 해야 할 정도다. 사실은 나도 한동안 헤매다가 가까스로 안정을 되찾았다. 그 이유랄까, 비결이랄까 하는 것을 곰곰이 생각해보니 다음 세 단어가 머리에 떠오른다.

느림, 우정, 유머.

언젠가 학교에서 진로교육의 일환으로 마련한 직업인과의 대화에 동문 몇 분을 강사로 초빙한 적이 있었다. 마침 내 수업시간(창의적 체험활동)이어서 학생들에게 강사를 소개하는 일을 내가 맡게 되었다. 강사를 모시고 교실로 들어서니 학생들은 책상 사이를 뛰어다니며 소란을 피우고 있었다. 책상에 엎드려 있는 아이들도 여럿이 눈에 띄었다. 그들을 일일이 깨우고, 떠드는 아이들과 농담까지 주고받으며 부드러운 말로 타이르는 광경을 지켜보던 강사는 나로부터 소개를 받기가 무섭게 다음과 같이 일갈하는 것이었다.

"가만 보니까 선생님이 너희들에게 너무 잘해주시는 것 같은데 내가 학교 다닐 때는 어림도 없었어. 난 선생님하고는 달라서 너희들 잘못하면 때릴 수도 있으니까 자세 똑바로 해봐."

내가 다시 교실에 들어간 것은 그로부터 삼십 분쯤 지난 뒤였다. 그는 내가 오자마자 서둘러 강의를 끝내더니 교실 밖으로 나오자 이렇게 하소연을 했다.

"와. 수업 한 시간 하는 것이 쉬운 일이 아니네요. 선생님들 정말 고생 많으시네요."

"왜요? 애들이 말을 잘 안 듣던가요? 잘하실 것 같아서 그냥 나왔는데요."

"이십 분쯤 지나니까 할 말도 없고 애들도 아예 통제가 안 되던데요. 뭔가 수업에 집중할 수 있도록 학교에서 조치해야지 이대로는 안 되겠더라고요."

그 말에 나는 웃기만 했다. 강사를 보내고 다시 교실에 들어와서는 아이들과 친구처럼 격의 없는 대화를 나누며 남은 시간을 즐겁게 보냈다. 잠시 후 종이 울리자 아이들과 눈인사를 나누고 교실을 나오는데 그 강사의 얼굴이 떠오르면서 자꾸만 웃음이 나왔다. 그리고 뭔가 분명해지는 것이 있었다. 내가 아이들을 느림과 유머의 지혜로 만날 수 있는 전문성을 지닌 교사라는 사실, 바로 그것이었다. 그걸 다시금 깨닫게 해준 그에게 꾸벅 절이라도 하고 싶었다.

돌이켜보면 나도 아이들을 제압하려고 했던 적이 많다. 그것이 내 교육적 신념이나 성격에 맞지 않은 일이었지만 나로서는 어쩔 수 없는 선택이기도 했다. 그것은 마치 고양이에게 몰린 쥐의 방어본능과도 같은 것이다. 어쨌거나 그 결과는 언제나 참담했다. 지금도 나의 인격적인 지도를 낯설어하거나 나의 부드러움을 물렁함으로 오해하는 아이들도 있다. 하지만 그들을 조롱하거나 비난하는 건 아무런 득이 되지 않는다는 사실을 알고 있는 나로서는 다른 방법을 고민할 수밖에 없다. 그중 하나가 아이들과 우정을 쌓는 일이다. 교사가 학생들과 우정의 관계를 갖는 것이 바람직하지 않을 수도 있다. 교사와 학생 사이에는 어느 정도 미적 거리가 필요하다는 말도 일리가 있다. 그래서 조심스럽긴 하지만 내게는 역시 그런 관계가 편하고 좋다.

요즘도 나는 출석을 부를 때마다 아이들과 눈을 맞춘다. 이름을 쉽게 외우기 위한 방법이기도 하지만 그보다는 아이들과 우정을 쌓기 위해서다. 언젠가 창의적 체험활동시간에 있었던 일이다. 그날도 나는 아이들의 이름을 일일이 부르며 눈을 맞추고 있었다. 그런데 영어시간이 아니어서 그랬는지 아이들이 "예"라고 짧게 우리말로 대답했다. 그것이 어딘지 싱겁게 느껴져서 이런 제안을 했다.

"영어 수업시간 때처럼 문장을 하나씩 말하면 어떨까? 영어 말고 우리말로."

"어떻게요?"

"우리말로 문장을 만드는 거야. 뭐가 좋을까? 그러지 말고 누가 내 이름을 한번 불러봐."

그러자 맨 앞자리에 앉은 영어반장 세미가 손을 번쩍 들었다.

"제가 할게요."

"그래 우리 영어반장이 해봐."

"음. 안준철. 하하하."

"세미는 웃을 때가 참 예쁘다."

"예. 저 좀 예뻐요. 하하하. 근데 대답 안 하세요?"

"했잖아. 세미는 웃을 때가 참 예쁘다고."

"아, 그게 대답이었어요?"

"그럼. 그것도 하나의 문장이잖아."

이렇게 시범까지 보였는데도, 아이들은 문장을 만드는 것이 쉽지 않은 모양인지 하나같이 꿀 먹은 벙어리였다. 나는 할 수 없이 그동안 영어로 말하던 것을 우리말로 번역해서 대답하라고 다시 수정하여 주문했다. 이렇게 친절하게 설명까지 덧붙여서.

"유진아, 너 금방 출석 불렀을 때 뭐라고 대답했어?"

"아이 러브 유요."

"그럼 사랑해요, 하면 되겠네. 물론 다른 문장을 만들어서 해도 좋고. 알았지? 자, 이름 부른다. 강유진."

"사랑……"

유진이는 대답을 하다 말고 머뭇거렸다. 내가 눈으로 대답을 재촉해도 얼른 뒷말을 잇지 못했다. 가만 보니 영어의 어감과 우리말의 어감 차이 때문인 것 같았다. 얼굴 표정까지 이상해진 아이를 바라보고 있자니 웃음이 나오기도 하고 귀여운 생각도 들었다. 나는 그냥 넘어가주기로 하고 계속 아이들의 이름을 불렀다.

"민두성."

"사랑합니다, 선생님."

"고마워. 나도 두성이를 무지 사랑해."

"박성미."

"나에겐 꿈이 있어요."

"성미 꿈이 꼭 이루어지길 바래."

"최민희."

"사랑해요!"

"리얼리? 나도 민희 사랑해!"

민희의 대답에 "리얼리?"라고 되물은 데는 그럴 만한 이유가 있었다. 그동안 민희는 출석을 부를 때마다 마치 전학 온 아이처럼 "예" 하고 생뚱맞게 우리말로 대답하거나, 뒤늦게야 상황 파악을 하고는 마지못해 "아이 해브 어 드림" 하고 시큰둥하게 대답하곤 했다. 영어로라도 사랑이라는 단어가 아이의 입에서 발음된 적이 한 번도 없었다. 그러니 모국어로 발음된 사랑이란 단어에 마음이 혹할 만도 하지 않은가.

민희는 개성이 강한 아이다. 학교에서 개성이 강한 아이는 매사에 고분고분하지 않은 아이를 뜻하기도 한다. 민희는 한마디로 길들여지지 않은 야생마 같은 아이다. 가끔씩 이탈행동도 하고 감정의 기복도 심한 편인데 다행히도 공부를 포기하지는 않은 것 같았다. 가끔 수업시간에 멍하게 앉아 있는 아이에게 다가가서 손에 볼펜을 쥐여주면 귀찮다는 표정을 짓다가도 금세 문제를 풀곤 했다. 하루는 중간고사를 며칠 앞두고 아이와 이런 대화가 오고갔다.

"민희야, 이번 중간고사에서 영어 90점에 도전해봐."

"왜요? 왜 저한테만 그러는 건데요?"

"선생님이 너한테 기대를 걸고 있는 것이 잘못이란 말이지?"

"예?"

"한번 도전해보라는 거야. 90점을 못 받으면 널 혼내겠다는 뜻이 아니고."

"근데요. 제가 어떻게 90점을 맞아요?"

"그럴까? 내 생각에는 네가 마음만 먹으면 100점도 받을 것 같은데."

"헐! 말도 안 돼요!"

민희는 지난 중간고사에서 83점을 맞았다. 그런 고득점(?)을 받아보기는 태어나서 처음인 듯 그렇게 좋아할 수가 없었다. 그 후로 수업태도도 좋아지고 사이도 많이 가까워졌는데 최근에 사소한 일로 사이가 벌어지고 말았다. 잘못은 나에게 반, 민희에게 반이 있었는데 일단 내가 먼저 사과를 했다.

수업시간에 책상에 자주 엎드려 있는 아이들을 보면 고민에 빠질 때가 많다. 이런 식이다. '수업시간에 잠자는 아이들을 깨우는 것이 정당한 일일까? 그럴 수 있다. 깨우지 않으면 더 많은 학생들이 잠을 잘 테니까. 그리고 수업시간에 잠을 자게 되면 그 학생에게도 손해가 가니까. 그럼 수업시간에 잠자는 아이들을 깨우는 것이 정당한 일이라면 수업시간에 잠을 자는 것은 부당한 일일까? 그럴 수 있다? 어떤 근거로? 수업 분위기를 망쳐서? 교사의 기분을 잡쳐서? 그것이 아니라면 또 어떤 근거로?'

자꾸만 이런 생각이 드는 것이 나에게 나쁘지는 않을 것 같다. 이런 물음이 나를 느린 속도로 아이들에게 다가가게 해주기 때문이다. 학생들이 수업에 딱 달라붙도록 교사 중심 수업을 학생 중심 수업으로 바꾼 것도 그런 물음의 결과였다. 다양한 학생들이 존재하는 교실에서 나를 안전하게 지켜주는 것도 이런 우정의 샘에서 길어올린 여유와 유머 때문이지 싶다.

사랑의 대상이 아닌
사랑의 주체로

　지난해 봄방학을 선언하는 날이었다. 한 해 동안 담임을 맡았던 아이들에게 마지막 인사를 하고 돌아서는 순간, 나는 비로소 자유를 느꼈다. 한 해 동안 아이들과 나눈 사랑보다도 그들로부터 벗어난 자유가 더 달콤했을까? 교무실로 가기 위해 복도를 걸어 나오는데 실실 웃음이 나왔다. 불과 며칠 지나지 않아 아이들이 그립기 시작했지만, 오랜만에 만끽하는 자유를 넘겨주고 싶을 정도는 아니었다.

　봄방학이 끝나고 3월이 되었다. 그때까지도 자유의 달콤함이

남아 있던 터라 복도에서 아이들과 마주치면 그저 반갑고 사랑
스러울 뿐이었다. 그 사랑에는 고통이 없었다. 고통 없는 사랑
은 행복 그 자체였다. 하지만 나와는 달리 나를 바라보는 아이들
의 눈길에는 진한 그리움이 묻어 있었다. 그 눈빛은 지난 한 해
동안 내가 아이들을 바라보던 눈빛을 닮아 있었다. 내 건강을 걱
정하며 모성의 눈빛을 보내오는 아이들도 있었다. 그 눈빛을 바
라보며, 나는 사랑의 주체가 뒤바뀐 것을 확인할 수 있었다.

　며칠 뒤에는 수업을 마치고 계단을 올라가다가 특별실에서
막 수업을 마치고 나오는 아이들과 우연히 마주쳤다. 아이들은
일시에 나를 향해 손을 흔들어 보였다. 그리고 모두 한마디씩
인사를 던졌다. 한 해 동안 나를 힘들게 했던 선머슴 같은 아이
들의 목소리가 유난히 도드라졌지만, 존재감이 그다지 크지 않
고 내 사랑의 표현을 낯설어하던 아이들도 반갑고 그리운 표정
을 짓기는 마찬가지였다. 무한한 신뢰와 애정이 듬뿍 담긴 아이
들의 눈을 일일이 마주치며 나는 가슴이 뭉클해졌고, 기뻤고,
그리고 부끄러웠다.

　그날 나와 눈이 마주친 아이들 중에 유독 기억에 남아 있는
아이가 있다. 아마도 그 기억의 잔영은 영원히 지워지지 않을
것도 같다. 그렇다고 그 아이가 나를 무척 따랐다거나 아름다운
추억거리가 있어서가 아니었다. 오히려 그 반대였다. 아이는 늘
낯선 눈으로 나를 바라보곤 했다. 아무리 수작을 부려도 손끝

한번 잡혀오지 않던 아이였다. 어릴 적에 당한 교통사고로 양부모를 다 잃고 자신은 척추와 다리를 크게 다쳐 아직도 몸이 많이 불편한 바로 그 이유 때문인지 아무리 다가가려 해도 좀처럼 곁을 주지 않았던 것이다.

그러던 아이가 어느 날 뭔가를 손에 들고 교무실로 나를 찾아왔다. 손에 꼭 쥐고는 보여주지 않다가 책상 위에 올려놓기가 무섭게 도망을 쳤다. 사탕 두 알이었다. 그후로도 아이는 종종 나를 찾아와 사탕 두 알을 책상 위에 놓고 가곤 했다. 수업을 끝내고 나와 책상 앞에 앉다가 사탕을 발견하면 녀석이겠거니 했다. 가을이 깊어지면서 우리 사이도 퍽 깊어져갔다. 복도에서 만나면 팔랑개비처럼 날아와 먼저 손을 내밀고 하이파이브를 청하기도 했다. 손끝조차 주지 않던 아이가 아무런 저항 없이 안겨오기도 했다. 한 번인가는 먼저 나를 껴안더니 등을 토닥이기까지 했다. 그런 아이의 변화를 겪으면서 우린 우정을 쌓아가고 있는 중이라는 생각이 문득 들기도 했다.

정년이 채 5년도 남지 않은 지금, 교사로서의 내 꿈은 제자들과 참다운 우정을 나누는 것이다. 또한 그들이 '사랑의 사람'으로 성장하는 것이다. 내가 아이들을 사랑하듯 아이들이 그들 자신을 사랑하고, 이웃을 사랑하고, 세상을 사랑해주기를 바라는 것이다. 내가 사랑함으로 기뻐하고 삶이 더 충만해지듯, 아이들이 그래주길 바라는 것이다. 요컨대, 나는 그들이 사랑의 대상이 아닌 사랑의 주체가 되어주길 원하고 있는 것이다. 그 꿈이 어렵사리나마 이루어지고 있는 듯싶어 내심 기쁜 것이다.

교사로서의 내 관심사는 아이들이 '아침에 학교에 왔을 때보다 다만 조금이라도 더 자기 자신을 좋아하게 하여 오후에 집으로 보내는 것'이다. 이 세상에 자기를 좋아하는 것보다 더 중요한 일도 없을 테니 말이다. 요즘 교권이 실추되었다는 말을 곧잘 듣는다. 그 말이 맞는 것 같기도 하다. 나에게 교권이란 학생을 사랑할 권리에 다름 아니다. 학생들의 인권을 침해하는 것과 싸우는 것이 나로서는 교권을 지키는 일이다. 그런 의미에서라면 교권이 추락하고 있다는 말이 이해가 된다. 하지만 학생의 인권이 신장되어 교권이 실추되었다는 말은 앞뒤가 맞지 않는 말로 들린다.

나는 지금도 해마다 첫 수업시간에 아이들 앞에서 친절서약을 한다. 대신 나도 아이들에게 자기 자신을 사랑하겠다는 약속을 받는다. 아이들과 굳이 그런 촌스러운 약속을 하는 데는 나름대로의 이유가 있다. 매 수업시간마다 수업목표가 있듯이, 말하자면 그것은 한 해 동안 그들이 성취하기를 원하는 한 해의 목표인 셈이다. 영어 점수를 백 점 맞아도 자기를 좋아하지도 사랑하지도 않는다면 무슨 유익이 있겠나 싶어서다.

성적 만능 학교사회에서 아이들은 점수의 기계가 되어버린 지 이미 오래이다. 이런 마당에 사랑 운운하는 것이 스스로 생각하기에도 멋쩍다. 우리나라의 학교 교육은 아이들의 내면의 성장에 목표를 두지 않고 있다. 그러다보니 학습에 투자하는 시간이 많을수록 성장이 둔화되는 이런 역현상을 우려하는 사람들도 있다. 대학을 나와야 사람 행세를 할 수 있는 불평등한 사회구조와 교육의 큰 그림을 바꾸지 않는 한 교사 개인의 열정만으로는 잘못된 교육을 바꿀 수 없다고도 말한다. 물론 맞는 말이다. 하지만 이런 생각도 해본다. 학교에 다분히 시대착오적이고 세상 물정 모르는, 말끝마다 사랑 어쩌고 하면서 낯을 붉히는 얼뜨기 교사라도 없다면 학생들의 삶은 얼마나 팍팍하고 불행할까?

이 책은 교육이라는 큰 그림에 비하면 아주 작은 부분에 지나지 않는, 학교의 교실에서 벌어진 교사와 학생 사이의 소통에 관한 이야기를 주로 다루고 있다. 고백하자면, 내가 아이들과 소통하고자 노력한 것은 나를 방어하기 위해서였다. 나 자신이 불행해지지 않기 위해서였다. 그러다가 조금씩 아이들이 보이기 시작했다. 하지만 내가 그들을 위해 해줄 수 있는 것은 그리 많지 않았다. 학교의 일상과 통제로부터 그들을 벗어나게 해줄 수도 없었다. 내가 해줄 수 있는 것은 고작 사랑뿐이었다. 지금도 나는 아이들을 사랑하지 않을 자신이 없다.

오늘 처음 교단을 밟을 당신에게

26년차 교사 안준철의 '시나브로' 교실 소통법

ⓒ 안준철 2012

1판 1쇄 2012년 5월 15일
1판 12쇄 2023년 3월 20일

지은이 안준철

기획 형소진 | 책임편집 이연실 | 독자모니터 이승호 | 디자인 김선미 이주영
저작권 박지영 형소진 이영은 | 브랜딩 함유지 함근아 박민재 김희숙 고보미 정승민
마케팅 정민호 이숙재 김도윤 한민아 이민경 안남영 김수현 왕지경 황승현 김혜원
제작 강신은 김동욱 임현식 | 제작처 영신사

펴낸곳 (주)문학동네 | 펴낸이 김소영
출판등록 1993년 10월 22일 제2003-000045호
주소 10881 경기도 파주시 회동길 210
전자우편 editor@munhak.com | 대표전화 031)955-8888 | 팩스 031)955-8855
문의전화 031)955-2696(마케팅), 031)955-2697(편집)
문학동네카페 http://cafe.naver.com/mhdn
인스타그램 @munhakdongne | 트위터 @munhakdongne
북클럽문학동네 http://bookclubmunhak.com

ISBN 978-89-546-1830-4 03370
* 이 도서의 국립중앙도서관 출판시도서목록(CIP)은 e-CIP 홈페이지(http://www.nl.go.kr/
  ecip)와 국가자료공동목록 시스템(http://www.nl.go.kr/kolisnet)에서 이용하실 수 있습니다.
  (CIP제어번호: CIP2012002099)
* 잘못된 책은 구입하신 서점에서 교환해드립니다. 기타 교환 문의: 031)955-2661, 3580

www.munhak.com